remodel of the

APARTMENT

マンション
大規模修繕

暮らしやすく
豊かな
生活空間づくり

JN097301

竹山 清明 著
Takeyama Kiyoaki

クリエイツかもがわ
CREATES KAMOGAWA

はじめに

　本書は、分譲マンション所有者や管理組合の役員の方々をサポートする目的で執筆されたものです。それは私自身が分譲マンション所有者であり、管理組合の役員をしており、かつマンションなどの大型建築の設計や監理（設計図どおり適正に工事がすすめられているか、工事現場と現場技術者をコントロールする仕事）を業務として行っている建築家でもあるからです。

　建築専門家ではない管理組合の役員では知り得ないマンション建築や、その大規模修繕のあり方についての情報や知見を、できるだけわかりやすくご説明し、マンション居住を無駄のない快適なものにするために協力したいと思って執筆しました。

　さて、本書の副題の「暮らしやすく豊かな生活空間づくり」とはなんでしょうか？

　ハード面である建築物について考えれば、「暮らしやすい」とは、①間取りなどの機能性の質の高さ、②住宅の管理コストが適正であることなどです。

　「豊かな」というのは精神面に関する価値に関わることですが、建物内外の空間の美しさや魅力で、暮らしを楽しむことができるということです。この問題は建物の価値・価格にも深く関わっています。

　これらの事柄をめぐって、現在のわが国のマンションの大規模修繕は、どのような状況にあり、さまざまな問題点の解決には、どのような取り組みが必要であるか考えてみたいと思います。

　第一は、マンション所有者は質の悪い材料や工法を押しつけられ、所有・居住するかぎりは永続して高額な大規模修繕費の支払いを強要されるという点です。

　一般に、わが国の分譲マンションでは、10〜12年ごとに多額の費用を必要とする大規模修繕を行っています。国全体で600万戸を超える分譲マンションがあります。各戸が月で1万6千円（国土交通省の修繕積立金ガイドラインから専有75㎡程度の住戸で概算、80ページ）、年あたり20万円ほどの修繕費を負担しているとすれば、国全体のその年間工事金額総計は、1兆2千億円に達します。

　マンション所有者（分譲マンションでは、所有者と居住者が同じ場合が多いと思われます）にとって、毎月1万6千円の負担は決して軽くはありませんが、建物の維持のためにはやむを得ないと考え積み立て、工事の際に支払っているのです。

建材メーカーや施工業者にとっては、半永久的に続く甘い蜜のような仕事です。逆に、マンション所有者にとっては、とても負担の大きいものです。現在、一般的に行われているこのような大規模修繕のあり方を抜本的に改める必要があります。

　これを解決する方法を、ご紹介したいと思います。Part 6（72ページ）の分析では、修繕積立金の4割強が、質の悪い材料や工法の更新工事に使われています。マンション所有者は、建材メーカーや修繕業者に大事な貯金を貢いでいることになります。

　第二は、定期的に多額の修繕費をかけてもマンションの売買価格は下がり続け上昇することはほとんどないという問題です。外壁や防水の材料を10〜12年ごとに新規に更新しても新たな付加価値は付かないというわけです。反対にアメリカでは、戸建て住宅やマンションの修繕にはリモデル（機能やデザインで新たな付加価値を付ける改修）を行います。

　リモデルでは、痛んだ材料の取り替えだけではなく、新たな機能を付け加えて、より使いやすく、また新たな装飾を付けたり、デザインをし直したりして、全体を新たに使いやすくするとともに、より美しく改善するのです。これによって、アメリカの住宅やマンションは、古いもののほうが新しいものよりも価値が高い、すなわち売買価格が高いという事例が少なくありません。

　住宅やマンションは住む人にとって大切な財産ですし、その売買価格が上がるのか、下がるのかということは、人生にとって大きなことです。本書では、わが国でもアメリカのようにマンションの価値を保ち上昇させるための取り組みをご紹介します。

　第三は、マンションの大規模修繕に群がる修繕コンサルタントや修繕業者の問題です。

　マンションの管理組合は、おおむね建築工事に関しては素人の集まりです。マンションの所有者の中には、多数の建築専門家がいます。「おおむね素人の集まり」と記したのは、そのような建築専門家は一般に労働時間が長く、自分の所有・居住するマンショ

マンションの大規模修繕には三つの問題があります。
①劣化しやすい仕上げ材の使用により、頻繁に大規模修繕が必要。
②文化的・デザイン的価値が低く、古くなればドンドン売買価格が下がる。
③不正なマンション修繕コンサルの横行。

ンであっても、大規模修繕のような面倒くさい問題に頭を突っ込みたがらない傾向が強いということです。そのようなことから一般には、素人で時間がある退職者を中心に大規模修繕の方針決定や事務が遂行されます。

そこで重用されるのがマンション修繕コンサルタント（以下、修繕コンサル）です。レベルの高低はありますが、一応の建築技術を習得しているため、大規模な修繕を行う上で必要な長期修繕計画を作成することができます。「ある程度誠実そうに」対応していれば、専門家として管理組合役員の信頼を得ることができます。この「ある程度誠実そうに」というところが問題なのです。

今回、事例としてモデルに取り上げたあるマンション（仮に、マンション名のイニシャルから以後「AURマンション」と記述〔図1、写真1〕では、調査をしていくと、「ある程度誠実そうな」姿勢で得た管理組合の信頼を逆手にとって、修繕コンサルのA社が、過剰修繕見積もりを作成し、過大な修繕積立金に誘導していました。そして、入札（見積もり合わせ）の参加の修繕業者を密かに組織して、仲間内の談合で落札者を決めていたことが発覚しました。

入札とは参加施工業者が一堂に会し、工事金額を書いた紙を密封した封書を主催者に渡し、それを開封して一斉に見積金額を公開して最安値の入札者が工事施工者となる方法です。「見積もり合わせ」は施工業者が見積書を事業者に提出し、事業者は諸事情から判断して施工業者を決定する方法です。AURマンションの大規模修繕で実際に行われた選定方法は、より縛りの緩い「見積もり合わせ」でした。

写真1　美しいとは言えないAURマンションの外観

この談合で、AURマンション管理組合は、2016年度の大規模修繕で、消費税を除く工事費総額約6,400万円で施工業者と契約させられました。これは本来の正当な工事費を、3,150万円ほども上回った額（72ページに詳述）でした。上回った額は、A社・件の修繕業者・談合組織の他のメンバーの間で、不当ですがおいしい利得として山分けされたものと推測されます。

修繕コンサルの決定には「ある程度誠実」を判断材料にするのではなく、そのコンサルの過去の仕事のすすめ方に関する丁寧な評価・分析が必要です。それも第三者の

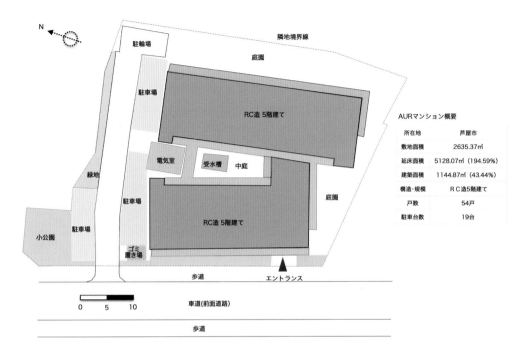

図1　AURマンション概要

優秀な専門家の協力が必要でしょう。

　不正修繕コンサルに、知らない間に詐取されている額は、Part 5・6で調査しました。この額は驚くべき数字で、AURマンションの一例を示しましたが、国土交通省のデータ（81ページ）を読み解けば、全国的には、不正修繕コンサルによる修繕積立金の2分の1を大きく超える多額のピンハネが広く蔓延していることがわかります。信じられないでしょうが、Part 5・6をじっくりとお読みください。解決策も記しています。

　ということで、AURマンション所有者は、①建材メーカーと修繕業者（不正見積もり分を除く）に4割強を貢がされ、②不正修繕コンサルから5割弱を詐取されていることがわかりました。その他の多くのマンションでも、AURマンションに準ずるような大きな額が、不本意に支出させられているようです。

　①建材メーカーや修繕業者による材料更新工事は合法ですが、マンション所有者にとっては不本意な支出であり、②不正修繕コンサルと仲間内の修繕業者による疑似談合は違法行為ですね。証拠があがれば、背任行為として、手が後ろに回るような質のものです。マンション管理組合は、そのような被害が少なくなるよう、賢く考え行動しなければなりません。

CONTENTS

PART 1

AUR マンションをモデルにした
大規模修繕の抜本的改革の事例

① はじめに

　私自身は、芦屋市に所在する前出のAURマンション（1975年建設、鉄筋コンクリート造5階建て、54戸）の1住戸を、十年前に購入しました。管理組合の役員になったことはありますが、職場の仕事も忙しく、大規模修繕について深く関わることは避けてきました。しかし定年退職し、あまり仕事量を増やさない方針の建築設計事務所の経営もゆとりがあり、ある程度時間ができました。

　そのため再び管理組合の役員になった機会に、大規模修繕問題に真面目に取り組もうと思いました。そして、大規模修繕に関する書類に目を通して、私なりに真剣に分析しました。私自身、これまでに一般的に行われている大規模修繕を当たり前のものとし、深く考えたことはなかったのです。しかし今回取り組んでみて、これまでのマンションの大規模修繕は、マンション所有者の立場から見て、大きく誤っているという確信を得ました。以下にその内容をお示ししたいと思います。

　まず、マンションの大規模修繕で、定期的に多額の費用を要する工事とはどのようなものであるかというところから始めましょう。そのような工事は定まっていて、金食い虫と言えるのは以下の三つです。

> ① 屋上防水の新しいものへの取り替え
> ② 外壁仕上げの有機系吹き付けタイルの更新工事と、それに伴う外部足場などの工事
> ③ 鉄部などの金属の再塗装

　これらの項目のあり方について、分析したことをお示ししたいと思います。

　わが国の少なくない分譲マンションには、低耐久性の有機系仕上げ材（石油などから作り出される合成樹脂、合成ゴムなどの紫外線などへの耐久性の低い材質）が用いられています。そのため、先に述べたように10～12年ごとに、それらの有機系仕上げ材を更新する大規模修繕を行わなければならないという隘路にはまっています。材料メーカーや工事業者に、定期的に大金を支払わざるを得ないような現在の大規模修繕は、マンション所有者に大きな被害を与えているのも、前述のとおりです。

そのような工事による永続する被害の解決のために、はじめに行うべきことは、耐久性の低い有機系の仕上げ材を、紫外線や熱・風に強く維持コストが圧倒的に安い無機系の仕上げ材（石、ガラス、コンクリート、煉瓦・タイル、さびにくい金属など）に取り替えることです。また、有機系の建材を用いざるを得ない場合は、工法を工夫して高耐久化することです。

② 屋上防水の高耐久化のためには保護防水化が必要

　AURマンションでは、2016年度に大規模修繕を行っています。その時の工事費総額（消費税を含む）は約7,000万円、消費税を除くと約6,400万円でした。そのうち屋上防水の更新は約1,250万円で全工事費の約20％でした。屋上防水の更新工事がかなりの割合を占めていることがわかります。

　防水材料メーカーは新規の防水工事に対し、10年保証を付けています。このため、漏水事故を恐れるマンション管理組合は、およそ10年ごとの取替を半ば強制されるように実施します。そして多くの場合、マンションの屋上防水は紫外線に弱い合成樹脂や合成ゴムなどのシート（面材）による露出防水になっています。頻度の高い防水の更新にはやりやすい形態なのでしょう。

　しかし問題は、この「合成樹脂材シートによる露出防水」にあります。露出防水がほとんど日影のない屋上に敷設されると、太陽光は当たり放題ということになります。太陽光には、有機系物質を蝕んでいく紫外線（周波数の低い放射線の性質で有機物の分子結合や分子そのものも表面から順次、壊されていきます）、高温でこれも有機系物質に被害を与える赤外線（夏の道路舗装面の暑さはたまりませんね）が大量に含まれています。その他、防水層に影響を与える化学反応に大きく関わる雨水の存在もあります。このような、太陽光などの影響を軽減し、防水層を高耐久化するためには、どのような対策があるのでしょうか。

　それは防水層を被覆することです。防水層の上を、薄いコンクリートやモルタルで覆うことです。公共建築では、このような保護防水が一般的です。公共建築では、建物管理者の漏水事故の責任があまり問われませんので、頻繁に防水が更新される動機もありませんし、地震などの大きな事故が起こらないかぎり、更新されることはない

のです。ですから何十年にもわたって防水は新築時のものが使い続けられます。

　マンションの防水についても、被覆層が設けられ、太陽光の影響がほとんど遮蔽されれば、公共建築のように、防水を頻繁に取り替える必要はありません。保護防水方式に改めれば、短く見ても30〜40年以上、あるいは半永久的に取替不要になると考えます。

　どのように被覆層を作ればよいのかという問題です。公共建築のように、屋上全体に一体的にコンクリートやモルタルを敷設する方法は平易です。しかし問題点は、防水層のチェックが簡単にはできないことです。防水層が心配になって点検しようとすれば、削岩機を持ってきて斫り取らねばなりません。これでは防水を大切に思うマンション建築には不向きです。では、どうすればよいのでしょうか？

　私の提案は、現在の防水層の上に断熱材を敷き、さらにその上にコンクリート平板ブロック（写真2）を敷き詰め、紫外線や高温から防水層を遮蔽するという方法です。

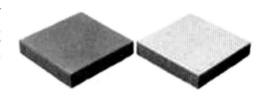

写真2　コンクリート平板ブロック

　まず、耐水性の高い発泡ウレタンなどの断熱材を、防水層の上に敷き詰めます。これにより防水層に対する赤外線による熱的影響を大きく減らすことができます。また古いマンションでは、屋上のスラブ（鉄筋コンクリートの床板）の下の断熱が不十分な場合が多く、最上階の住戸は夏の太陽光の直射の影響で、昼はもちろん夜でも暑さが残る住戸が多いことと思います。この防水層上の断熱層は、最上階住居の温熱的居住性の質の向上にも役立つものと思われます。

　平板ブロックとはコンクリート製の平たい板で、30cmか20cm四方で、厚さが3.5cmのサイズです。重さは平米あたりで65kgまでです。屋上スラブの設計荷重は180kg／㎡であり、平板ブロックを敷き詰めても、許容値の３分の１程度で、構造的にも問題はありません。平米あたりの単価も工事費を入れて４千円ぐらいです。平板ブロックの利点は、一部を取り外して簡単に防水層の点検ができることです。ただし、少し高

屋上防水の高耐久化は被覆層を設ける保護防水化で簡単に実現できる。コンクリートの平板ブロックを敷き詰めるだけ！

額であるという問題はあります。

　新しい防水層の場合は、平板ブロックのコストがかかりすぎるようであれば、通常の保護防水工法で、3〜5cm厚の保護モルタルで被覆しても問題はありません。　一旦、被覆保護層を設け最低でも30〜40年は防水層を更新する必要がなくなるとすれば、大規模修繕の工事費の大きな部分がなくなることになります。

③ 外壁仕上げ材の高耐久化には吹き付けタイルを用いないこと

　AURマンションの2016年度の大規模修繕における外壁吹き付け更新工事、外部足場工事の合計は約2,700万円で、全体の工事費約6,400万円の42％に達します。マンションの1戸当たり50万円になります。

　さて、現在、多くの分譲マンションで用いられている吹き付けタイル（写真3、陶器などの外装タイルは、無機系で紫外線で傷むことはなく高級感があるため、その高級感を装って、塗料にタイルの名を冠したもの）は有機系の材質で傷みやすくおおよそ10年ごとの吹き替えを要します。

　紫外線が有機物である吹き付けタイルの表面から分子結合などを破壊していくため、4〜5年もすれば表面のツルツルした保護層にヒビが入り、輝きも失われていきます。10年もすれば、粉がふくようにみすぼらしくなる場合も多く、更新せざるを得なくなります。吹き付けタイルは、外装用の塗料の中でも単価が高く、更新には多額の費用

有機物で耐久性の低い吹き付けタイルの外壁仕上げはやめましょう。本当に金食い虫です。こんな質の低い材料を使用しているのは日本だけです。

写真3　吹き付けタイルのパターン、ゆず肌状になっている。表面はツルツルしている。着色は自由、耐久性は低い

を要します。

　吹き替え費用に合わせ、高額な足場費用も発生します。大規模修繕工事費の10％ぐらいが足場の費用になります。建物に何もよいことをもたらさない足場費用ですが、これがないと吹き付けタイルの更新などができないということで、やむを得ない費用になっています。

④ 陶器タイルなどは 落下の恐れがつきまとう

　有機系の吹き付けタイルを無機系の材料に替えようということで、まず思いつくことは、陶器などの窯業系タイル（写真4）に貼り替えることでしょう。しかしこれは、吹き付けタイルを一旦すべて剥がして、下地モルタルを塗りその上にタイルを接着せねばならず、かなりの手間と費用がかかります。

　タイルそのものは、しっかりとした無機質の材料で、紫外線や赤外線の影響は受けません。しかしタイルは貼り付け工法に問題があり、仮にそれを用いたとしても、完全にメンテナンスフリーにならない問題があります。最近の新聞記事にも掲載されていましたが、多くの分譲マンションがタイルの落下事故に悩まされています。あるマ

窯業系のタイルは落下する問題があります。その解決策は乾式煉瓦工法の使用ですね！

写真4　落下後を補修した陶器タイル。修繕時に同色のものの入手が困難でまだらになる。そしてまた落下する

ンションの調査では、外壁全体の17%ほどのタイルに落下の危険性があるとの報道もあります。

　タイルは下地モルタルの化学的接着力で貼り付けられています。下地モルタルとタイルの間に雨水が侵入するなどして、化学的接着力が無力化すれば、タイルは剥がれ落ちてしまいます。タイルの裏側に水が回らない設計・施工や、下地モルタルやタイルが、コンクリートの外壁から剥離しない工法を採用すればよいのですが、これがなかなか難しいのです。

　この問題で悩んでおられるマンションには、少し初期投資がかさみますが、後述の乾式工法の煉瓦をタイルの上からかぶせる工法をおすすめします。これを用いれば、タイル落下の悩みはピタリと治まります。

　その他の方法としては、金属酸化物の色粉で色づけされたモルタルや漆喰などの左官工事仕上げです。金属酸化物の色粉は無機質ですので、紫外線などの影響は受けません。しかし、表面がツルツルではないので、壁に汚れを含んだ水が定常的に流れる状況になれば、表面に汚れが付着し、外壁が汚れて見えることになります。

　これは、表面に付いてるだけなので、高圧洗浄機などで洗えば、ほとんどの汚れは落ちてしまいます。外壁仕上げそのものが傷むことはありませんが、あまり頻繁に汚れを落とさねばならないようでしたら、足場費用などもかさみます。壁に常態的な水垂れが起こらないよう、屋根庇や窓庇などをキッチリと設計・施工することが必要です。

⑤ 外国では日本のような　　吹き付けタイルは見つけられない

　ちなみに、全数を調査したわけではありませんが、外国では日本の吹き付けタイルのような、表面がツルツルした傷みやすい有機系の外壁塗装材は見かけませんでした。アメリカの材料を調べましたが、大きなビルの外壁仕上げであっても、光沢のない無機質のような仕上げ材が多いように思います。

　有機系の塗装でも長期に更新が不要なものが普通のようです。こう見てくると、日本の吹き付けタイルは、日本の塗装

美しく耐久性の高い乾式煉瓦工法を外装にしたい。

写真5　乾式煉瓦工法のカタログ写真。輸入品だがわが国では20年の歴史がある

メーカーが永続的に更新需要がある建材として、マンション所有者から継続的に利益を得るために、特別に開発した商品ではないかと、勘ぐってしまいたくなりますね。

落下もなく半永久的に手入れが不要な乾式煉瓦工法の導入を

　さて、私が所有者の一員でもあるAURマンション管理組合に提案したい仕上げ材は、高耐久・美麗なブリキットシステムなどと呼ばれる乾式煉瓦工法です（写真5～9）。
　煉瓦は、陶器よりも焼成温度が高く丈夫で微妙な色むらが美しい炻器質の材質です。そのもの自体は、数百年を超えても傷まない丈夫な質をもっています。問題は、剥がれないように注意を払う必要があるその取り付け方です。

写真6　乾式煉瓦工法の事例。芦屋の住宅（筆者の設計）

写真7　乾式煉瓦工法の事例。明石に立地するグループホーム「ブーフーウー」（筆者の設計）

私が用いようとしている工法は、耐食性がとても高いガルバリウム（アルミニウム・亜鉛による鋼板の溶融メッキで外部露出でも数十年の耐食性がある）製の金物を外壁に機械的に留め付け（写真8）、その金物に煉瓦を差し込み（写真9）、モルタル目地を施して、煉瓦と金物も機械的に固定するというものです。

　これであれば落下の心配はなく、目地も無機物ですので打ち替える必要はありません。一旦、この外壁材に更新すれば、地震や特別な事故がないかぎりは、その後は長く外壁のメンテナンスは不要になります。

　図2は乾式工法の煉瓦を外壁材として取り付けた場合の西北からの鳥瞰図です。

写真8　金物取り付け工事

乾式煉瓦工法：防水紙の外に防腐加工の木材を縦に固定し、その外にガルバリウム金物のレールを止め付ける。

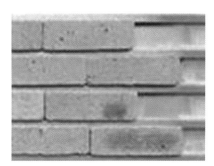

写真9　レールと煉瓦

レールの間に煉瓦を差し込み固定、無機系のモルタル目地で仕上げる。物理的・機械的固定で落下の心配がない。

図2　AURマンションに高耐久化工事とリモデルを行った場合の鳥瞰図

マンションの場合、外壁だけでなく階と階との間のコンクリートの打ち継ぎ目地シーリングを一定の期間で更新する必要があります。しかし、この乾式煉瓦工法では、ガルバリウム金物の裏に防水紙を入れ、コンクリート外壁に水が伝うのを防ぐので、コンクリート打ち継ぎ部のシーリングの打ち替えも不要となります。

　一つ課題として残るのは、ベランダや外部廊下に面していないサッシの4周の壁との取り合いの止水シーリングです。20年目ぐらいには取り替える場合が多いようですが、これにはより小規模でしょうが足場が必要になります。ただし、煉瓦壁や金物でその止水シーリングを紫外線から遮り、屋上防水と同じように高耐久化とする工夫がうまくいけば、頻繁にシーリングを更新する必要はなくなることと思います。

　煉瓦以外にも、乾式工法タイルも発売されていますが、筆者としては風合いから煉瓦が好みです。

7 再塗装を要する金属部分などは、耐久性の高い材料で作り直し、メンテナンスフリーとする

　マンションには多くの金属部材が使われています。どのマンションも似た事情だと思いますので、一例としてAURマンションで用いられている金属部材をご紹介しましょう。

　中庭廊下部分の鉄製手摺り、鉄製の屋外階段と手摺り、これも鉄製の屋内階段と手摺り、各住戸の鉄製の玄関ドアとパイプスペースドア、共用部分のドアなどです。そしてその他に、ベランダに設置されている表面がざらつきつつあるアルミ製の手摺りがあります。

　鉄部を中心とした塗装工事に、AURマンションの2016年度の大規模修繕でどれくらいの支出があったのか見てみましょう。鉄部塗装と金物工事などで、約800万円の支出になっています。これは全体工事費の12％強に当たります。千万円台に達していないとは言え、大きな数字ですね。戸数で割ると10〜12年ごとに約15万円の負担になります。

　さて、このようにお金がかかる金属部材の管理コスト低減、メンテナンスフリーの

ために、どのような手立てがあるのでしょうか。それは腐食しやすい材料を、腐食しにくい質をもつものに改めることです。手摺りなどを腐食しにくい銅板葺きやガルバリウム鋼板葺き、あるいは乾式煉瓦工法仕上げなどに変更することです。これによって、いまは結構高額の塗り直し費用が、ほとんど不要になります。

ベランダアルミ手摺りもいずれは朽ちていくでしょうから、耐久性の高い手摺りに取り替える必要があります。前出の図2では、手摺り外部を乾式煉瓦工法に変えています。こうするとメンテナンスはほとんど不要になります。

鉄製の屋外階段が難物ですが、一旦ボルトを外してバラバラにし、耐久性の高い亜鉛ドブ漬けメッキ（溶融亜鉛メッキ）を施し、再度組み立て直したらよいと思います。亜鉛ドブ漬けメッキとは、道路のガードレールなどに施されているメッキです。最初は銀ピカですが、しばらくしたら落ち着いたグレーへと変化していきます。全国各地の道路にガードレールが設置されていますが、衝突事故などに遭遇した場合以外の錆びた状態のものは見た記憶がありませんので、再塗装をのがれるには優れた方法だと思います。ただし銀ピカやグレーなので、身近な部分に用いるには好き嫌いがあるでしょうから、注意して用いる必要があります。

リモデルによるグレードアップ、外壁などの高耐久化と美麗化、屋上手すりの再整備など

一般的なマンションの大規模修繕で行われることのほとんどが、これまで述べてきたように有機系の朽ちやすい材料の更新工事のみです。10〜12年ごとに1戸あたり100〜200万円もの高額のお金をかけても、外壁の色がチョット変わったぐらいの改善点しかありません。これは何かが間違っています。

前述のアメリカのリモデルは、材料の性能の確保だけではなく、機能の改善に合わせ、デザインの改善も行い、建物の価値を向上させていくという修繕・改善方法で、わが国でもこのような取り組みがされる必要があると考えます。

AURマンション委員会（AURマンション理事会は、この度、従来の修繕委員会をリモデル委員会に改名しました）では、このリモデルの思想に基づき、外壁などの高耐久化と美麗化をめざし、ここ数年で外壁の乾式煉瓦工法化とベランダ手摺りの高耐久

化を行う方針を討議しています。

　図3（42・43ページ見開き）は、その方針に基づいて作成してみた西側の道路に面した外観のパースです。写真1（4ページ）の現在の西側の外観に比べ、違う建築かと思うほど美しく魅力的になります。

　また、それにあわせ、屋上に既存の屋根型を利用して庇を延長して、安全に屋上に上がれる手摺り設置を行う方針で検

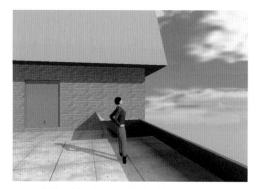

図4　屋根型を延長して屋上手摺りにする。

討をすすめています。この手摺りの延長で、現在はやや中途半端で美しいとは言えない庇の屋根型を、美しいものに改善することも同時に実現したいと思っています。

　なお手摺りの高さは、屋根型の延長による不透過高さ1.1m、そして、さらにその上に金属格子を延ばす透過型の高さ1.8mの手摺りになる予定です。女性の腰あたりまで斜めに傾いた屋根型が延長されています（図4）が、これが手摺りになります。

　もともとAURマンション屋上には手摺りがあり、居住者の物干し場として活用されてきました。しかし、その手摺りは屋上に固定されておらず、コンクリートブロックの基礎の重さで、動きにくいよう設置されたものでした。長らくそのような状況で、事故もなく用いられていました。しかし、近年の台風の大型化に伴い、そのような設置の仕方では強風に抵抗できず壊れてしまい、撤去したという歴史があります。　屋上を再利用したいという要望は依然としてあります。実際に今のままでは落下の恐れがあり管理上も危険です。そのようなことから図4のような手摺りの再設置を検討しているところです。

　今回の手摺りは外壁のてっぺんにある屋根型（屋根の形を模した小さな庇）にケミカルアンカーなどで機械的に強固に止め付けるため、大型台風が来ても安全です。これと平板ブロックの敷設による歩行防水化によって、屋上の再利用を図り、大型物干し場や、夏の芦屋浜の花火の安全な鑑賞なども、みんなで議論をして実現したいと思います。

⑨ 建物全体のリモデルに合わせ、玄関ホールの質の向上をめざす

　AURマンションは古いタイプのマンションで、これまでは管理人夫妻が1階の2DK住戸に住み込んでいました。そして同じく古いタイプのマンションのため、理事会や総会を開催するための集会室が設置されていませんでした。

　そこでリモデル委員会では、2DK住戸を取り除き、管理室も移動させて、大きな集会スペースが取れるよう、玄関ホールを改善する方針を検討しています。玄関ホールが総会や理事会で利用できるようにすることや、マンション内のコミュニティの活性化（手芸教室や生け花教室、子どものための読み聞かせの会など）に活用できるような改善を考えています（図5の平面図、41ページに掲載）。

　さらに、煉瓦張りや手摺りや庇の美麗化で、外観が美しくなることに合わせ、玄関ホールもそれに引けを取らない、美しく風格のあるものにしたいとの想いもあります。アーチ梁と木造化粧梁によるイギリスの歴史的様式のデザインを考えてみました（図6、41ページに掲載）。また、機能的な利便性や安全性の向上として、宅配ボックスの設置や無線オートロックシステムの導入などの検討も始めています。

玄関ホールは風格があって、集会機能にも対応してほしいですね。

⑩ アプローチなど、エントランスの付近の改善を行う

　現在のAURマンションの、道路から玄関ホールにつながるアプローチまわり（写真10）は、あまり便利でもあまり美しくもありません。これをこの際、便利で美しく改善したいと思います（図7、41ページ）。アプローチや玄関ホールは、マンションの顔の一つであり、誇りをもって愛でることができるような質がほしいですね。　具体的には、現状の幅の狭い不自然なスロープや階段は取りやめ、全体を幅広の手摺り付きスロープ（幅約6m、勾配1／10）に改め、床材も滑りにくいものに改善したいと考えます。

入るときに最も目に付く現在のエントランスの庇は昆布巻きのようで、お世辞にも美しいとは言えません（写真10）。これを、アールデコ風のガラス庇の洒落た体裁のよいものに改善したい（図7、41ページ）と思います。ベランダ前面に取り付けられている人型のようなコンクリート壁（写真1、5ページ）は構造的にも害があり、デザイン的にも不細工であるので撤去が望ましいと考えています。

写真10　あまり魅力的ではないエントランスまわり

⑪ その他、機能やデザイン面の向上をめざす改善工事も

　共用廊下も、縦長の格子やアーチ状の照明器具で美しくリモデルします（図8、41ページ）。バルコニーや共用廊下の床仕上げを体裁よく、耐久性の高いものに更新することもみなさんが求めている課題です。表面に石目や木目がプリントしてあるような床材は、表面の強化膜がすり減ったら、まだらで無惨な状態になります。内部まで均一の材料で作られた床材であれば、何十年もメンテがいらず美しく使用できます。表面的な柄に拘泥せず、適切な床材を選定することが必要です。

　高齢者が多いので、安全なIHコンロが使えるような電力容量の増加工事を行いたいと思います。古いマンションであり、電気の容量はかなり少ないので、急ぎの改善が必要です。

　同じく古いマンションですから、玄関扉も鉄板1枚の一番安価なプレスドアです。開閉していて少し悲しくなります。アプローチや玄関ホールが、そのマンションの顔であるように、各戸の玄関ドアは、その住戸の顔です。住んでいる人の人間性や人格が反映しているような、深みと味がある玄関ドアに変更したいものです。新しい玄関ドアは断熱性もあり、居住性も向上します。

12 植栽や緑地なども魅力的なものに改善する具体的な考え

　植栽管理がよく議論になります。基本的なAURマンションの緑地の植栽の目的は以下のようなものでしょう。

> 1　身近な自然として緑や花を愛でる。
> 2　外部などの見たくないものを遮蔽する。
> 3　マンション全体に風格を付与する。

　以上のような目的に合わせ、植栽などのデザインのあり方を以下のように考えたいと思います。

1．マンションは洋風の建築物であり、洋風のガーデンデザインを行うのは当たり前のことである考えられます。

2．イギリス庭園のように、自然よりも自然に庭を構成するのが適切でしょう。自然樹形を大切にした庭造りをめざしたいと思います。

3．植栽部分に近接する現在の自転車置き場（図1、6ページ）は美しくありませんが、取り壊し新築をしても見てくれはあまり変わらないと思います。むしろ自転車置き場と駐車場の間に、写真11のように通行部分に穴を開けた厚みの薄い格子を塀状に設置して、ツタなどで少し透けるように緑被することなども考えられます。そうす

写真11　現在の駐輪場写真にツタをからませた格子の目かくしを手描きで記入

れば、駐車場や自転車置き場まわりのAURマンションでは、最も豊かな外部空間

がゆったりとした美しい空間として形成されることでしょう。

4．植栽帯の北との境は、現状の基本的な構成である中木に、同様の樹木を追加して、北側があまり見えないようにしたいと考えます。中木の足元は少し整理し、美しい花が咲くなどの低木や草類で、根じめを行うのが望ましいと思います。

5．西北隅の桜のあるコーナーは、北か西の道路から出入り口を設け、管理しやすくするとともに、桜を愛でる小庭園（図1、6ページ）としたいですね。紅葉を植え、秋の美しい庭園にすることも考えられます。

6．西の道路際や駐車場の幅の狭い植栽帯は、潅水が不十分で、低木が旺盛に繁茂しにくい状態にあります。ここに簡易な潅水装置を設置すれば、低木の繁茂状態が大きく改善されることと思います。身近な緑が元気になると、私たちも元気になるような気がします。

7．これまでの植木屋さんの剪定の方法についても改善をしてほしいと思っています。少なくない植木屋さんが、道路の街路樹を丸裸にするのと同じ考えで、枝や葉をことごとく切りまくるのが自分たちの仕事のように思っている節があります。切りまくれば作業量が増え剪定費用も高額になり、商売的には好都合なのでしょう。しかし、このような剪定は樹木への愛情がまったく感じられず、丸裸になった木を見てこちらは悲しくなります。このようなやり方が常態化している植木屋さんには退散願いたいと思います。

8．マンション居住者が安全便利に暮らせ、どのシーズンでも美しい自然・樹木を愛でることのできるように、樹木や庭園が管理されることを望みたいですね。

PART 2

耐久性向上や精神的価値
アップグレードのためのリモデル
──参考事例

私が設計・監理をした集合住宅などを中心に、リモデルなどの参考事例を紹介します。

① 宝塚のコーポラティブ住宅

　一例目は、宝塚市にある私が設計・監理をしたコーポラティブ住宅（共同建設集合住宅、写真12）です。1995年建設の鉄筋コンクリート造の６階建て22戸の集合住宅です。戸あたりの専用面積は100㎡クラスの大型住戸で構成されています。

　外壁：色モルタル掻き落とし（セメントモルタルに高耐久の金属酸化物の色粉を混ぜブラシなどでこすりラフに仕上げた壁仕上げ）

　屋根：亜鉛合板葺き、陸屋根（平たい屋根）部分の防水は、コンクリート躯体防水という無機質仕上げで作られています。

写真12　宝塚のコーポラティブ住宅

　この建物の建設後の大規模修繕工事費累計は２千万円以内です。AURマンション同等の内容の大規模修繕をしていれば１億４千万円が必要であったと算定されますが、実際には７分の１から10分の１程度、１戸あたり月額の積立金が２千円以下の費用しか、かかっていないという実例です。

② 宝塚の分譲マンション

このマンション（写真13）も私が設計・監理したものです。逆瀬川の駅から５分の立地で約50戸の規模です。関西では歴史的様式が好まれていることが、私の研究でわかっていましたので、神戸女学院大学や関西学院大学のデザインで人気の高いスパニッシュ様式でデザインしました。

近隣のマンションより３割高額で売りに出され、即日完売になったという人気の高い物件でした。阪神間や宝塚では、スパニッシュの歴史的な様式を好む人々が多数存在することの証ですね。

写真13　宝塚の分譲マンション

③ サンフランシスコのマリナブールバールの コンドミニアム

この美しい建物（写真14）は、サンフランシスコで住宅デザインや不動産取引状況を調査していたときに見つけた建物です。

アメリカでは分譲共同住宅のことをマンションとは呼ばず、コンドミニアム（condominium）と呼びます。conは「共同の」という意味でcoopのcoと同じです。

dominiumは「支配や管理」を意味します。ですからコンドミニアム（略称condo）という名称は、邦訳すると「共同管理住宅」となります。この種類の住宅の性格を的確に伝えています。

写真14　マリナブールバールのコンドミニアム。スパニッシュのツインタワーの屋根が美しいですね。縦長の開口部も魅力的。外壁はマットな漆喰状のもの。

　日本の「マンション」は少し恥ずかしい名前です。マンションの正しい語義は、例えば、アメリカ南部の奴隷を多数所有していた農場主の、部屋数が50を越えるような大邸宅を指します。何時の時か、分譲共同住宅開発者が、自社の商品の売り出しに効果があるように、そのようなゴージャスな名前を付け、他の会社もそれに習ったというようなことでしょうが、外国人の前で、「マンション」に住んでいるということは気恥ずかしいですね。

　サンフランシスコの集合住宅に戻ります。とても美しいスパニッシュデザインですね。美しさの源泉はまず、美しいスパニッシュの屋根でしょう。そして、洋風の縦長開口部の魅力です。ヨーロッパでは、古代から中層建築がつくられていました。構造体は煉瓦積で重く、幅の広い開口部をつくることは困難です。それで幅狭縦長の開口部デザインを洗練させてきました。

　鉄筋コンクリートで作られる日本のマンションは、構造の制約が少なく、効率性のみで美しさには関係のない、横長大開口のおおざっぱな開口部デザインをしています。建築家好みのモダンデザインで美しいマンションはたまにはありますが、ほとんどのマンションはきちんとデザインされていない見苦しい姿をしています。できれば、このような傾向は改めたいですね。

　このサンフランシスコの集合住宅の外壁は耐久性の高い漆喰状の仕上げになってい

ます。アメリカでは、日本のような合成樹脂の耐久性の低い外壁仕上げ材は用いられ
ていないのです。

④ ニューヨークのセントラルパークの南に建つコンドミニアム

　19世紀末から20世紀初頭に建設されたと思われるコンドミニアム（写真15・16）です。美しく維持されてみんなに好まれ、高い値段で取引されている事例です。

　セントラルパークの南に位置する好立地、アメリカ人が好きなイギリスチューダー朝様式などが特徴です。2LK約70㎡（713sqf）で、1億7千万円の売値が付いています。

　美しくメンテナンスを行い、価値を高めるリモデルを行い、高い価値を維持しています。ニューヨークは、住宅価格が世界でも最も高いところでしょうから、この程度の値段は当り前なのかもしれません。

| 写真15　NYセントラルパークの南のコンドミニアム | 写真16　NYのコンドミニアムのリビングルーム |

＊ここに使用しているニューヨークのマンションの2葉の写真の出典は、アメリカの不動産紹介のホームページRealtor.comです。

⑤ 芦屋のマンションの売買価格などの事例

　AURマンションが立地する芦屋のマンションなどの価格の情報です。最近は専有25

坪から30坪ぐらいのものが、１億円ほどで売られています。ニューヨークと桁違いということではないような高い価格ですね。この高値は、東京の価格センスでマンション開発を行っている東急不動産と三菱地所がもたらしたものです。

　AURマンション南側の東急不動産が開発したマンション（写真17）は、当初、（専用面積）坪あたり400万円ぐらいの、関西では非常識な高価格で販売されていたようです。この価格であれば専用面積25坪で１億円になります。

　AURマンションは、現在、坪100万円程度の価格と言われています。それであれば、専用面積25坪で2,500万円となります。東急マンションの４分の１の価格です。

　日本ではマンションも古くなってくれば価値（売買価格）が下がります。日本のマンションの価値は、立地（駅からの距離など）と古さで決まります。アメリカコンドミニアム（日本のマンション）の価値は、立地とデザインで決まるようです。古くなっても美しい建物はみんなが好み、高値で売買されます。

　AURマンションは、アメリカのこのあり方を参考にし、美しく風格のあるデザインによって、その価値を東急マンションに近づけることが第一の目標です。現在は４分の１の価値しかありませんが、外装内装の美しいデザインを実現することにより３分の１、２分の１とその差を縮めていきたいですね。そして遠からず、価格差を逆転したいとも願っています。JR芦屋駅から徒歩５分という好立地でもあり、そのような高価値化は可能性が十分あると思います。

写真17　高額分譲の芦屋の東急マンション。その左奥がAURマンション

古いAURマンションが、南の新築直後の東急不動産マンションより価値が高くなりそうだなんて、何となく嬉しい！

PART **3**

価値の高いマンションのあり方

価値の高いマンションとはどのような意味なのでしょうか。それは、売買価格の高いマンションであるということです。

1 価値の高い（売買価格の高い）マンションの意義

では、価値の高い（売買価格の高い）マンションの意義は、どのようなところにあるのでしょうか？

まず、売却して新しいマンションや住宅を購入する場合に有利になることです。例えば、アメリカ人は人生において日本人の4～5倍転居すると言われます。ちょっと以前の日本のように一つの会社にずっと勤め続けるのではなく、ヘッドハンティングされて、あるいは自分で売り込んで、次の会社に転勤します。その場合、給料が上がり、支払える住宅費も増額するので、より高級な住宅・住宅地に住み替えます。その時、前の住宅を売却したお金を原資に、より高い住宅ローンを組み、より高い割賦金を銀行に支払いますが、収入が多ければより早く借財はなくなるでしょう。

このようなよりよい条件への転職とそれに伴う転居が続くのです。売却する住宅が期待する価格で売れないと次の購入にも困ります。そのため古い住宅は美しくリモデルされ、価格が上がることになります。このように住宅の高い価格は、アメリカ人が生きていくための人生における大切な資産なのです。

アメリカ人にとって、住宅は暮らしの大切な場であり、貯金そのものでもあります。アメリカ人は、日本人のようにあまり貯金をしませんが、それは住宅が貯金だからです。いざというときは、住宅を小さくするか、グレードを落とせば、住宅からお金が返ってくるということになります。

以上のようにアメリカ人にとって住宅は貯金ですが、日本人にとっては、住宅は借金です。多くの日本人は価値の低い家を抱えていつも住宅ローンに追われています。戸建て住宅では、アメリカの住宅は美しく維持管理されることにより、古いものほど値段が高いのです。しかし日本では、戸建て住宅は10年ほど経てば、古家付き敷地として住宅の価値はほとんどない状態で売買されます。それほど日本の戸建て住宅や住宅地は、住む魅力を感じさせる価値が少ないのです。

実際に日米で住宅の資産価値が、どのように異なるかを示したグラフ（図9）があり

ます。国土交通省の資料です。調査期間は、アメリカが1945年から2009年、日本は1969年から2009年になっています。赤い点線状のグラフが住宅投資額の累計、青の棒線が住宅資産額です。アメリカの住宅投資額累計は2008年度で約14兆ドル、1ドル108円とすれば、日本円で約1,500兆円になります。日本のそれは2009年度で約850兆円です。

　2009年度時点の人口はアメリカが約3億1千5百万人、日本は1億2千7百万人でした。人口で累計額を割るとアメリカは約476万円／人、日本は約669万円／人です。人口あたりの住宅建設投資（工事などのコスト）は、より床面積が狭い日本がアメリカの約1.4倍になっています。

　アメリカに比べ日本の建築工事は高いと言われてきましたが、この数字がそれを明確に示しています。日本人は業界の適切な合理化が進まないため、無駄に高額な住宅やマンションを売りつけられているということになります。産業構造の大幅な合理化・改善が必要であることをこのグラフが示しています。

日米の住宅投資額累計と住宅資産価値

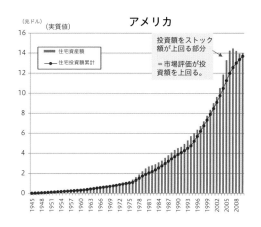
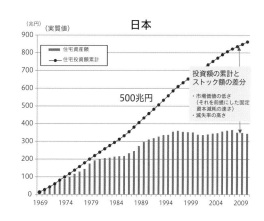

出典）国土交通省：中古住宅流通促進・活用に関する研究資料

図9　国土交通省、中古住宅流通促進・活用に関する研究会資料（平成25年6月）

　さて、今回の議論の展開の中でもっと大切なことがあります。アメリカでは、住宅資産額が常に住宅投資額累計を上回ってるということです。2008年にはリーマンショックがあり資産額が少し低下していますが、それでも投資額累計よりも高額なのです。それに対し日本では、2009年度の投資額累計850兆円に対し、資産額は約350

兆円で、実に約500兆円も目減りしています。

　アメリカでは、古くなっても誰もが住みたくなる美しく住宅をつくり、魅力的に維持・改善して価値を保っていますが、日本では古くなれば住みたい・買いたいと思わない低質の住宅をつくり、価値が大きく減じていることを示しています。

　マンションでも、アメリカでは質高く設計され維持されて、古いものほど価格が高いのは一般的です。日本では戸建て住宅ほどの価値の低下はありませんが、古いものほど売買価格は下がります。貴重なお金を投じ、銀行から借金して購入したマンションですから、投資額を割るような価値の低下は許せないことだと思います。私たちの生活を健全に保つために、転居時に困らないよう、マンションの価値を適正に保つことは大切なことです。

　例えば、転居の一形態として売却して老人ホームに入所する場合があります。マンションが高い価値を維持していれば、当然に老人ホーム（老人ホーム個室よりもマンション面積が広い場合が多いため）入所金よりも高い売却益が手に入り、資金的に有利に老人ホームでの生活ができるはずです。持っているマンションの住戸を賃貸する場合でも、魅力的な住宅であれば家賃をより高く設定することができることになります。

　マンションの価値が高いということは、そのマンションや住宅で暮らしたがる人が多いということです。愛着のもてる美しいマンションや住宅で暮らすことは、豊かで意義深い人生をおくることができることにつながります。アメリカなどでは多くの人がそのようなことを実感して理解しており、価格が高くても文化的に質の高い生活空間に住みたがるのです。このような感覚や行為が、マンションや住宅の本当の価値を定めているのです。

アメリカ人にとって、住宅やマンションは価値の高い貯金です。しかし、私たち日本人にとって住宅は、価値が下がり続け、借金が残る借財です。この状況を改善したいですね！

私の調査・研究では、関西においても同様の価値基準をもっている人が多数存在することがわかっています。他の地方でも同様だと思います。これからは、そのような人たちが、このような事情をより明確に理解して、住宅やマンションを美しくリモデルする機会が増えれば、アメリカのように美しく資産価値が豊かな住宅やマンションがたくさん生まれるでしょう。

　外観を美しくリモデルすれば、美しい街並みの形成に資することができます。美しい街並み景観は、周辺などの多くの人に喜んでもらうことができます。また、そのような美しい大型の建築であるマンションが並び立てば、その区域全体の美しい街並みの形成に大きく影響することができます。そして、その中に並び建つマンションの価値はさらに増加することになります。

2 価値の高いマンションにするために歴史的様式を用いる

　20年近く前、サンフランシスコ近郊のバークレイのブティックレアルター（高級な住宅のみを周旋する不動産会社）の経営者にヒヤリングを行いました。

　バークレーでは、どのような住宅が好まれるかと問うと、「歴史的様式の美しい住宅やマンションは高額で取引される（みんなが住みたがる）。しかし、四角い建物（例えば、最近の日本の建築家が好んで設計するような：筆者注）は、みんなに好まれず無価値である」との答えでした。実際、バークレーやサンフランシスコの装飾などで美しく飾られた歴史的建築の戸建て住宅は、とても美しく築後100年をすぎても、数億円を超える価格で売買されていました。コンドミニアム（日本のマンション）も、同様の傾向があるようです。

　日本の中古マンションは、ほとんどが四角でまともなデザインが施されていません。そのため、立地の価値だけで売買されています。

　ニューヨークの事例のように、古くても、みんなが住みたく思い、高額でも売買されるような質が必要です。そのためには、みんなが住みたくなるようなデザイン的価値が重要なのです。

> 美しい歴史的様式の建物は、多くの人が好みます。

3 アメリカの、住宅やマンションの価値を高める政策

　上記の例のように、欧米の人々は一般的に、古い歴史的様式の住宅やマンション・ビル建築を好みます。ヨーロッパやアメリカに旅行すると、中心市街地付近では、古い歴史的な様式の住宅や建物が美しく保存されて、素晴らしい街並みを形成しているところが多数あります。これは、欧米の人々の古い様式の建物や街並みを好み、大切に思う文化の発露です。

　このようなこととも関連するのですが、アメリカでは、政策的に新築住宅を古い様式で美しく建築する取り組みをすすめてきました。1930年代に世界恐慌という厳しい状況になり、当時のアメリカ大統領フランクリン・ルーズベルトは、経済不況を克服するために、ニューディール政策を採用しました。これは経済学者ケインズの理論を元にしたもので、政府が資金や制度を生み出し、欠落した需要を作り出すとともに、多数の雇用も確保するという政策でした。

　テネシー河開発公社などの大規模な地域開発政策が有名ですが、住宅における持ち家政策も熱心に取り組まれました。大量の住宅の供給で、住宅建設産業を活性化するのに合わせ、庶民の多くが持ち家・資産を所有しつつ生活が安定するという優れた政策でした。

　政府系の住宅金融組織、例えば連邦住宅抵当公庫（ファニーメイ）や連邦住宅金融抵当公庫（フレディマック）などは、住宅建設費の融資条件として、融資を受け建設される住宅そのものに価値があることを求めました（このような融資をノンリコースローンと言います）。

　つまり、住宅が転売される時に、転売価格が融資価格を下回らないことを求めたのです。そのために、その住宅が古くなって売り出されても、多くの人が買い求めたくなる質を要求しました。その質とは何でしょうか。それは、前述のように、その住宅が美しい歴史的な様式でデザインされていることです。

　例えば、サンフランシスコに19世紀末から20世紀初頭に多数建設されたペインティッド・レディ（木製の外壁をパステルカラーのペンキで塗装するので、その名がつけられた）と呼ばれるヴィクトリアン様式の住宅（写真18、とても人気があり高値で売買されています）などがその典型です。そのような住宅であれば売値が下がることがないと、政

写真18　サンフランシスコのペインティドレディ住宅。築後100年以上
たちますが、良好にメンテナンスされ、2〜4億円で売買されています。

府系の金融機関の中でも認識されていたのです。これはバークレーのブティックレア
ルターのヒヤリングの内容と同じですね。

　ちなみに、2019年に世界遺産に登録されたF.L.ライト設計の住宅は、転売されても
みんなに好まれるかどうかわからず資産価値が不安定なため、建設時に政府系の融資
を受けることができませんでした。

　アメリカのような住宅融資を、ノンリコースローンと言います。住宅融資の割賦金
が払えなくなったら、借金をした当人には責任がなく、例えば金融機関が当該住宅を
引き取り、売却により出た益を借金した人に払い戻すという制度です。過去に払い込
んだ割賦金は貯金に当たるということになります。

　日本の住宅融資は、リコースローンと言われます。新築住宅そのものに価値を求め
ず、借金した人の財産（一般には担保の付いていない土地）や稼ぎ、そして命（生命保険）
を担保としたローンです。

④ AUR マンションを飾るデザインは、例えばアーツ＆クラフツ様式

　AUR マンションには、外壁を煉瓦にするということから、煉瓦建築が多いイギリス

風の歴史的様式のデザインを採用することが理にかなっているように思われます。同じイギリス風の歴史的様式であっても、あまりにも装飾の多い古すぎる歴史的様式は不向きであるとも考えられるので、19世紀後半から20世紀初頭にかけてイギリスで確立されたアーツ＆クラフツ・デザインが向いているのではないかと思われます。アーツ＆クラフツ・デザインは、19世紀半ば生まれのインテリアデザイン作家ウイリアム・モリスが指導したデザイン運動で、その時代にシンプルで美しい様式の建築を生み出しました。

　モデルとして、イギリス湖水地方のウインダミアに建つ縦長でアーチ状の形をもつ窓が美しい小さなホテル（写真19）、田園住宅都市レッチワースの商業施設（写真20）、ニューラナークの寮（写真21）などをご紹介します。前出のAURマンションのリモデルのパースなどは、これらのアーツ＆クラフツなどのデザインを参考に作成しました。

イギリスのアーツ＆クラフツ様式のデザインでAURマンションをリモデルするのか！　すてきだね！

⑤　美しい様式を用いてリモデルできる建築家養成の課題

　一般の四角い箱形のマンションを、欧米の歴史的建築のように美しくリモデルする（プランを改善しデザインし直す）ことは、日本の修繕コンサルには興味のないことだと思われます。修繕コンサルは、塗装関連技術や管理組合との付き合い方には慣れていますが、建築の設計やデザインについては、あまり興味がないものと考えられます。ですから、そのようなリモデルは、総合的な技術力やデザイン力の高い建築設計事務所・建築家の出番です。

　ただし優秀であっても、現代の建築家は四角く装飾のない、少し単調なデザインしか学んでいません。歴史的な美しい建築のスタイルの実現には、装飾的要素の使用やさまざまな形を駆使するデザイン力が必要です。

　そのような形象を使ってのデザインを行ってみたものが41～43ページの幾種類かのパースです（見開きのものは表紙・裏表紙も同じ）。まずは、外観の洋風建築の開口部

写真19　イギリス湖水地方ウインダミアの小さなホテル、縦長でアーチ状の形をもつ窓が美しい。

写真20　エベネザー・ハワードが推進した田園都市レッチワースの商業ゾーン、縦長の格子窓が並んで魅力的。

写真21　ニューラナークの寮、ロバート・オーウェンが関わった紡績工場に付属する建物、縦長の窓の並びとドーム屋根の塔が印象的。

のイメージを思わせる縦型の格子状の金物の付加があります。屋根かざりのついた破風屋根の付加、アプローチのアールデコ風の洒落たガラス庇なども、人々に好意的に受け取られるであろう建築的情報を豊富にもっています。

　玄関ホールのインテリアについても、既存の大きな四角の大梁は無骨なものです。それをアーチの形状に加工することにより、美しく空間を支えているというイメージを醸し出すことができます。木製の化粧梁を付加することにより、歴史的な西洋民家のような空間（図6、41ページ）を創り出すことができました。このイメージは、アーツ&クラフツの邸宅デザインへのオマージュ（敬意を払って真似させてもらう）です。

　共用廊下についても、縦格子やアーチ状の照明の付加で見違える雰囲気（図8、41ページ）になります。このように歴史的な美しい造形を、単調な四角い箱の上に、美しく飾り、かぶせるデザイン力を学ばなければなりません。

　これは、これまで建築設計者が学んできた、四角く装飾のないモダニズムデザインを超える、これからの新しい建築デザインなのです。これまでの無装飾のモダニズムデザインは、建築設計者のみがよいと思い取り組んできたのですが、ほとんどの一般の人々はモダニズムデザインを理解できず、嫌っています。

　関西の三都市（京都・大阪・神戸阪神間）における私の調査・研究では、ほとんどの人が、ルイス・カーンや安藤忠雄さんの設計するような四角い造形を嫌っています（拙著『サステイナブルな住宅・建築デザイン』日本経済評論社、2009、144ページ）。建築関係者から見れば美しく見える造形でも、一般の人から見ればそうではないのです。

　マンションを住み手が幸せに暮らすことのできる生活空間として再整備するためには、人々が好む形象でデザインすることが必要です。前出の拙著151ページには、歴史的スタイルの風格や落ち着きを好む人が、関西でも多いことがわかっています。これはバークレイのブティックレアルターの調査結果と相似ですね。

　日本でも、アメリカと同様に、古く美しいスタイルの住宅やマンションを人々が大切に思い、その売買価値が高く保たれる条件があると考えます。

　マンションのリモデルは、新しい建築デザイン運動でもあります。建築家として意義のある働きをしようと思えば、人々が好む形象を作り出すことのできる設計力・デザイン力の獲得が必要です。そういう意欲のある多くの設計者・建築家の人たちといっしょに、そのような活動に取り組むことができればと思います。マンション管理のサポート組織などと協力して、デザインや計画のワークショップ、学校を開くことなども考えたいですね。

リモデルされた共用部分

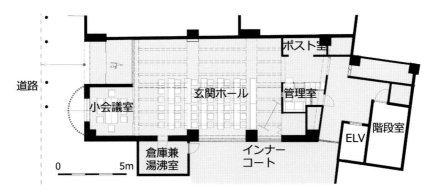

図5　玄関ホールの改善提案：無用な小部屋を取り払い管理組合総会が開催できるほどの大きなスペースを確保しました。マンション内のコミュニティの活性化にも活用したいですね。

図6　玄関ホール、エントランスから奥を望む。アーチ梁のデザインをモチーフにしたアーツ＆クラフツの様式のデザインです。

図7　アールデコ風の洒落たガラス庇を設置した道路からのアプローチ。

図8　縦長の格子と、アーチ状の照明器具で飾られた、リゾートホテルを思わせる廊下。

図3　煉瓦や金属板葺き、ヨーロッパ風の縦長格子などでリモデルされた西面外観の提案。さまざまなデザインを検討していますが、これはそのうちの1つです。5ページの写真1と比べ、デザインが整っていると思われます。外壁には縦長の窓を思わせる格子が並び、洋風の歴史的建築の雰囲気が感じられます。屋根にはアーツ＆クラフツ風のかざりを付けた破風の屋根が並び、人々の心とつながるデザインを意図しています。このリモデルにより、AURマンションの価値が大きく上昇することが期待されます。

こんな美しい建物になったらうれしいね！

外壁の煉瓦手摺りの構造は、木造住宅の外壁と同じ構造です。木軸の外側に耐水合板、防水フィルム、その外側に乾式工法の煉瓦を取り付けます。耐久性・耐火性の高い構造です。

PART 4

新しい大規模修繕方針により
修繕費用は大きく減額

AURマンションの、新しい方針（外部の有機系仕上げ材を無機系仕上げ材に取り替え、鉄部などの塗装の必要性を大きく減らす。その流れの上で、機能性の改善に合わせ、外部デザインや共用内部のデザインを大きく改善する）に基づき、2040年までの長期修繕の計画表（表1）を作成してみました。とりあえずの無機質化などの2年間の大規模修繕が完成した後は、大規模修繕費用は大きく減額することが明らかになりました。

① 建材の無機化などの新しい大規模修繕方針の具体的内容

　新しい大規模修繕の方針の具体的な内容を以下に記します。

　表1の「今後のAURマンション大規模修繕計画表」をご覧ください。これは私が新しい方針のシミュレーションとして作成したものです。その特徴は以下のとおりです。

（1）2020〜2021年度の2年間で、有機系の材料から無機系の材料などの高耐久化工事を概ね完了することになります。

（2）これに要する費用（工事費、設計監理費、消費税込み）は約1億1千万円です。現在の修繕積立額に、銀行からの借り入れ金6千万円を加算してすべての工事を終えることができ、2027年度までに現在の積立金額ですべてを返済することが可能です。所有者に対する臨時の費用の徴収は発生しないで済みます。

（3）上記工事により2027年度以降は大規模修繕工事費が激減することになります。

（4）2027年度以降に大規模修繕が必要になるのは、ポンプなどの動くものが中心です。2030年度に、給水ポンプや消防用ポンプの更新、エレベーターの駆動装置のオーバーホールを予定しています。これらはそう大きい金額ではありませんが、今後20年毎に予定すればよいと思われます。

（5）エレベーターについては、メーカーが修繕部品を保有している限り日常的な維持管理で使い続けることができます。部品がなくなると予想されたら更新する必要がありますが、現在の建設物価水準では400万円程度の工事費で更新が可能であると思われます。

（6）ベランダやバルコニーの床の塩ビシートも、一応20年ごとの更新を見込んでいます。

（7）自転車置き場については、当分は現状のままで塗装を10〜20年ごと（塗料の質や鉄部の状態で判断）に施せばよいと考えられます。大きく破損すれば更新が必要になりますが、その場合の工事費は300万円ぐらいであろうと推測されます。

（8）以上から、今後の大規模修繕は、10年ごとに数百万円のレベルとすることが可能になると考えられますが、一応10年で1,000万円ぐらいを要すると考えて積み立てておけば、ゆとりのある修繕費会計になるものと思われます。このシミュレーションでは2031年度以降、実際には1,500万円から2000万円のゆとりのある修繕費会計となっています。

（9）この計画では当初、資金面の問題を考慮し、5年間をかけて高耐久化工事などを実施する予定にしていました。しかし、議論の末、3、4か月の工期で一気に工事を済ませてしまおうという方向性になっています。

その理由は、

1．まとめて工事をやった方が工事費の低下が期待でき、金利負担分をカバーできる可能性がある。

2．まとめて工事総額が大きければ、全国クラスの技術力の高いゼネコンの参入が期待できる。

3．工事を短期間に済ませれば、何年にもわたって工事が継続するよりも、居住者の生活上の負担が軽い。

4．管理組合の借り入れであり、各戸からの修繕積立金の納入は確実で、6年間での返済は間違いなく、無理がない。

などです。

② 大規模修繕工事費総額が1億4千万円を越えて減額、積立金も1/10に減少

現行のマンション修繕コンサルA社が作成した大規模修繕の方針と比較し、2040年度で1億4千万円以上、修繕費用が安くなることがハッキリしました。

現行の方式のままでは、2040年以降も、およそ10年ごとに1億円以上（戸当たり約190万円、毎年19万円、毎月1万6千円）の修繕費用の出費が継続することになります。

現在の積立金を継続するとさらに高額で、戸当たりの平均積立金月額は、17,500円

表1　今後の芦屋打出レックスマンション大型リモデル計画表（予算案）

	2020	2021		2022	2023	2024	2025	2026	2027	2028
(1) 仮設工事		5,633	外部足場							
(2) 屋根防水		3752	保護工事							
(3) 外壁工事		38,912	煉瓦左官							
(4) 飾り金物工事		1,890	手摺り上部飾り							
(5) 屋上手摺り工事		4,892								
(6) 塔屋金属板葺き		1,206								
(7) 屋外階段高耐久化		4,030								
(8) 共用廊下など仕上		5,748	床・天井							
(9) 玄関ホール改修		6,850								
(10) 各戸玄関扉取替		5,000								
(11) 電気設備		7,500	容量増等							
(12) 給排水衛生設備										
(13) ガス設備										
(14) 消防用設備										
(15) 昇降機設備										
(16) 外構・その他		3,800	駐輪場・植栽							
(17) 諸経費	0	8,921		0	0	0	0	0	0	0
(18) 診断・設計・監理	2,500	2,500		0	0	0	0	0	0	0
(19) 小計	**2,500**	**100,634**		**0**	**0**	**0**	**0**	**0**	**0**	**0**
(20) 消費税	250	10,063		0	0	0	0	0	0	0
(21) 年度修繕費計	2,750	110,698		0	0	0	0	0	0	0
(22) 修繕費累計	2,750	113,448		113,448	113,448	113,448	113,448	113,448	113,448	113,448
(23) 借入金（本体）	50,000									
(24) 借入金（本体）推移（金利込）	53,101	50,887		42,037	33,187	24,337	15,487	6,637		
(25) 借入金（前渡金）	10,000									
(26) 借入金（前渡金）推移（金利込）	10,620	9,588		7,818	6,048	4,278	2,508	738		
(27) 借入金（本体）返却額		2,214	3ヶ月分	8,850	8,850	8,850	8,850	8,850	6,637	
(28) 借入金（前渡金）返却額		1,033	7ヶ月分	1,770	1,770	1,770	1,770	1,770	738	
(29) 修繕費会計残 2020年度：(35)-(22) 2021年度：(23)+(25)+前年度 (29)+(34)-(21)-(27)-(28)	**59,293**	**16,640**		**17,311**	**17,982**	**18,653**	**19,324**	**19,995**	**13,749**	**14,878**
(30) 旧来の年度修繕費計	3,795	220		20,842	17,820	6,820	10,780	2,728	1,694	97,304
(31) 旧来の修繕費累計	3,795	4,015		24,857	42,677	49,497	60,277	63,005	64,699	162,003
(32) 旧来の修繕費会計残 (35)-(31)	**58,248**	**69,319**		**59,768**	**53,239**	**57,710**	**58,221**	**66,784**	**104,101**	**18,088**
(33) 修繕費累計の差 (新)-(旧)(22)-(31)	**-1,045**	**109,433**		**88,591**	**70,771**	**63,951**	**53,171**	**50,443**	**48,749**	**-48,555**
(34) 積立金	62,043	11,291		11,291	11,291	11,291	11,291	11,291	1,129	1,129
(35) 積立金累計	62,043	73,334		84,625	95,916	107,207	118,498	129,789	130,918	132,047

前提条件
①2021年9月：工事着工　2021年12月：工事終了予定
②借入金：6000万円　借入金金利：2%　返済：6年間
③2021年度の返済は、前渡金は7ヶ月分、本体は3ヶ月分
④2027年度から1/10の積立金

2027年度から修繕積立金が1/10となる。

〈大規模修繕の考え方〉
修繕費用が多額となる下記の部分の修繕の原則不要を目指す。
1. 屋上露出防水を紫外線から被覆し、寿命を30〜40年以上とする。そのため保護コンクリートをを防水の上に敷設する）。
2. 外壁仕上げをハンギングの煉瓦仕上げに変更し、半永久的に手入れ不要とする。
3. 鉄部塗装・金属メンテナンスを不要にする。外部階段は高耐久材料仕上げを行う。鉄製手摺り、アルミ手摺りはメンテの必要の少ないものに改良する。
4. その後の軽微な修繕は日常的な修繕費で対応する。

（単位：千円）

2029	2030		2031	2032	2033	2034	2035	2036	2037	2038	2039	2040
	1,000	ポンプ更新										
	1,000	ポンプ更新										
	500	駆動装置オーバーホール										
	500	駐輪場塗装										
0	300		0	0	0	0	0	0	0	0	0	0
0	500		0	0	0	0	0	0	0	0	0	0
0	**3,800**		**0**	**0**	**0**	**0**	**0**	**0**	**0**	**0**	**0**	**0**
0	380		0	0	0	0	0	0	0	0	0	0
0	**4,180**		**0**	**0**	**0**	**0**	**0**	**0**	**0**	**0**	**0**	**0**
113,448	117,628		117,628	117,628	117,628	117,628	117,628	117,628	117,628	117,628	117,628	117,628

修繕費会計残は、毎年度約1400万円～約2000万円内外で推移しているので、緊急等の修繕も対応可能です。

2029	2030		2031	2032	2033	2034	2035	2036	2037	2038	2039	2040
16,008	12,957		14,086	15,215	16,344	17,473	18,602	19,731	20,860	21,989	23,119	24,248
0	220		102	550	220	3,968	5,775	3,707	2,200	0	5,555	76,701
162,003	162,223		162,325	162,875	163,095	167,063	172,838	176,545	178,745	178,745	184,300	261,001
29,379	25,600		36,789	37,960	49,031	56,354	61,870	69,454	78,545	89,836	95,572	30,162
-48,555	-44,595		-44,697	-45,247	-45,467	-49,435	-55,210	-58,917	-61,117	-61,117	-66,672	-143,373
1,129	1,129		1,129	1,129	1,129	1,129	1,129	1,129	1,129	1,129	1,129	1,129
133,176	134,305		135,435	136,564	137,693	138,822	139,951	141,080	142,209	143,338	144,467	145,596

A社の長期修繕計画表では、2040年までに約2億6千万円の支出が予定されている。
そして以降もそれが継続する。現在のA社の長期修繕計画表から判断すれば、今後継続して、平均して10年毎に約1億円以上の支出が必要になる。

この計画表では銀行融資を受け2021年度に高耐久化工事を実施する予定である。2027年度からは、10年毎に1,000万円を下回る修繕費の積み立てがあれば維持・修繕が可能であると思われる。その場合の修繕積立金は平均で「1,000万円÷54戸÷10年÷12ヶ月≒1,600円／月・戸」と算定される。現在は平均17,500円／月・戸であり、1/10以下になる。その場合、平均戸当たり積立金は、月あたり約16,000円安くなることになる。

に達します。

　新しい方針では、新しい大規模修繕工事が終わる2027年以降の平均月額修繕積立金は、1,600円程度／月・戸とすることができます。ただし、これは10年ごとに1〜2千万円の修繕を想定しての安全側の計算です。修繕の必要性が安定的に把握できるようになれば、さらに減額できるかもしれません。

修繕積立金が毎月17,500円から1,600円になるのはとてもうれしい。早く実現したいですね！

③ 割高な高耐久化工事の資金準備の解決策

　AURマンションのリモデル委員会で議論をしていて、「高耐久化をめざす新しい大規模修繕の方針が優れているのはわかったが、問題点はないのか」と質問を受けました。その時点で、適切な回答はできなかったのですが、その後、少し考えた結果の答えは次の通りです。

　それは、高耐久の仕上げ材料は高品質のため価格が高いということです。屋根防水の保護防水化はローコストですが、価格が高いのは外壁仕上げの高耐久化です。乾式工法の煉瓦を仕上げ材にしようとすると㎡単価は約1万3千円以上です。

　これに対し有機系の吹き付けタイルの㎡単価は古い吹き付けのはがし質も入れて約4千円でしょう。その単価差は、㎡あたり9千円になります。なお乾式煉瓦工法は、既存の吹き付けタイルの上からカバーして施工し、コンクリートの躯体にケミカルアンカーなどで機械的に止め付けるため、既存の吹き付けタイルをはがす必要はありません。

　では、その単価差は工事費にどのような影響を与えるのでしょうか。AURマンションのようなファミリー用中層マンションの場合、住戸あたりの外壁面積は約50㎡です。乾式煉瓦工法と吹き付けタイルの工事費差額は50㎡かける9千円で、45万円（住戸あたり）ということになります。修繕積立金を月当たり1万円（住戸あたり）と仮定すると、年あたり12万円で、工事費差額45万円は、1住戸の積立金の4年弱分に当たります。

　大規模修繕工事時に乾式工法の煉瓦に取り替えるためには、戸あたり45万円を臨時徴収するか、管理組合が増加分につき銀行融資を受け、5年間で返済することなどが

考えられます。幸い現在は金利が安く、それを年1.5％と仮定すると、積立金からの毎月返済で5年で完済するとして、戸あたり返済月額は8千円弱です。

また、5年間の利子総額は戸あたり1万7千円（年3千5百円）あまりになります。このように返済額も利子が少ないので、融資を受け、先に高耐久化工事を済ませるのは無理のないことです。なお、その5年間の修繕積立金相当額（積立金と返済金の合計）はAURマンションの平均住戸程度で約1万4千円、専有㎡あたり約190円です。

前述の通り、高耐久化工事を行えば、修繕積立金は一挙に大幅減額します。「銀行から借り入れまでして大規模修繕を行うのか」などの管理組合の中の疑問が出されるでしょうが、よく議論して正しい方針を決定していただければと思います。

なおAURマンションの場合は、そのあたりの事情はどうなっているのかをご説明しましょう。

後述の、AURマンションに出入りしている不正修繕コンサルのA社が、自分たちの儲け代の基金として、通常必要とされる額の、およそ倍以上の修繕積立金を管理組合に認めさせ多額を貯金していました。この多額の修繕積立金があるため、AURマンションでは、無理なく高耐久化工事を実施する合意が取り付けられることになると思います。そして前述のように、短期間で工事を終わらせたいため、不足分は銀行から借り入れて、大規模修繕を行うことになると思われます。

なお、A社は、AURマンション管理組合に多額の被害を与えてきました。しかし今、管理組合がこのような多額の貯金を持ち、今後も確実に積立額が増加する状況を作り出したことは、高耐久化工事の無理のない実現の基本条件になっています。こう考えてくれば、A社が行ったただ一つの良いことは、このような多額の貯金がある状況を作り出してくれたことと言ってもいいかもしれません。

④ 積立金の浪費を避けるため、速やかに新しい方針の大規模修繕・マンション管理に切り替えたい

現状のままでマンション管理や大規模修繕を続けることは、建材会社や工事業者・修繕コンサルを儲けさせ、私たちの大事な貯金を彼らに寄付しているようなものです。

そのようなことを避けるため直ちに新しい大規模修繕やマンション管理の方式に切

り替えることが必要です。そのためには、まず、本書で記しているような内容を管理組合の合意にすることが必要です。

　そして、合理的で公正な立場で、大規模修繕に協力してくれる建築専門家を選ぶ必要があります。その点について安心して協力を依頼できるのは、77ページに記載の「マンション管理で頼りになる非営利団体」です。これらの団体に相談すれば、適切な専門家を紹介してもらえるでしょう。

　残る問題は、冒頭に提起している「低耐久性の材料・工法」を「高耐久性の材料・工法」に変更する修繕です。これまでマンションの大規模修繕に関わってきた建築専門家のうち良心的な人たちでも、このような修繕のあり方の改善について、具体的に検討を加えた人は、あまりいないと思われます。

　しかし、この修繕の大きな変更・改善は、専門家の正確な理解・協力がなければできません。優秀な専門家であれば本書を丁寧に読めば理解ができるはずです。管理組合からの専門家に対する適切で粘り強い働きかけが必要だと思います。

PART **5**

修繕コンサル A 社の不正、
修繕工事見積金額を倍額程度に膨らませ、
業者選定時の談合により多額を着服

AURマンションで新しい大規模修繕計画を作成するため、これまでの修繕コンサルA社の作成した修繕計画や計画作成の見積書を厳密に調査しました。その結果、ほとんどの工事費目について10割内外の不当な積み増しを行っていることが判明しました。

　2016年に行った大規模修繕の工事費総額は約6,400万円ですが、そのうちの3,150万円程度が過剰見積（72ページに記載）であると思われ、全額が施工業者に支払われました。A社と工事業者5社が談合を行って、A社が作った不正に高い見積額を下敷きに、業者のうちの一社であるV社が、擬似的な落札を高額で行ったものです。

A社の巧妙な不正
──専門家でも見積書不正を読めなくする操作

　克明に調べたところ、A社作成の見積書は、偽計が見破られにくいよう巧妙に作られていました。管理組合側の第三者専門家が調べても、パソコンの通常の17インチモニターでは全容が把握しにくいよう、超大型の計算表としてつくられていました。全体を見ようとすれば、字が小さすぎて詳しくは読みにくいものです。部分を拡大してみれば読めるが、それでは各項目の関連など全体が把握できないのです。

　A3用紙にプリントアウトしても、字がゴマ粒よりも小さく何が書いてあるかは細かく判別できませんでした。A2ぐらいの大きさにプリントアウトして、初めて全容がつかめるような巨大な見積書で、通常では簡単に読み取れないように工夫されています。

　私がその大型見積書を簡単に読み取り分析ができたのは、37インチの大きさがあり、8Kテレビ同等の高精細なディスプレーを使用しているからです。Apple Cinema Displayと称されるそのディスプレーは、十数年前に大学の研究費も加算して初めて購入できた高額なものでしたが、今回は大きな効果を発揮しました。

不当な積み増しは、数量のかさ上げ、
二重積算などがある

　例えば、外壁仕上げは、私の拾い出し数量2,511㎡に対し、A社の算定数量は3,555㎡で、41.6％増しになっています。これは外壁面積のうち、窓の開口部などの面積を

引き去っていない数字です。単純に計算しやすい足場の数量などは、やや多めですが大きくは外れていません。しかし、外壁面積から開口部面積を除く作業は繁雑で、簡単にはチェックできないものです。

　A社は管理組合側の技術者がチェックしても、そこまで詳しく算定がしにくい項目なので、見破られないだろうとタカを括っているのかもしれません。

　私の場合は、非常に性能のよい最先端のCAD（建築設計ソフト）を使用しているので、そのような煩雑な数量拾い出しも、いともたやすくできてしまうのです。

　この二つの不正の発見は、A社にとっては想定外のことだと思いますが、これは私自身の能力というよりも、私の使っている機器やソフトが、A社の想定を超えた性能をもっているということになります。

　また、積算不正の中で大きなものは、二重積算ともいうべきものです。建築工事の積算システムは、他者との入札競争の中で、建設業者が、かなり大きいマンションであっても2週間から3週間ぐらいで、全体の見積を作成する必要があります。そのため拾い出した数量に単価をかければ即座に工事費が出るよう、複合単価（細かい積算などは組み込み済みの総合的な単価）が用いられます。それは民間工事でも公共工事でも同じです。

　例えば、屋上防水工事の場合、屋上面積に端のパラペット（屋上の端に雨をこぼさないように立ち上がっているコンクリートの低い壁）の立ち上がり防水の面積を加算して、さらに幾分かのロス分を加算して面積数量を算定します。これに公的に認められた「建設物価」や「積算資料」などの物価帳記載のシート防水4,100円／㎡程度の複合単価を乗ずれば、防水工事の総額が出るようにつくられています。

　ところがA社の見積では、その複合単価で作成された金額の上に、防水専門業者が作成するような細々とした項目を加え、金額の水増しをしているのです。防水工事では、筆者が算定した正しい金額約600万円を倍額の約1,200万円に不当に増額させています。

　その他の工事でも、枚挙にいとまなく、同様の手口による不正が行われています。上記の防水工事以外で、具体的にA社がAURマンション向けに作った見積書の一部を見て問題点を検討してみましょう。

　表2の仮設工事の内訳書の上半分の3行目の「仮設洗い場」から18行目の「足場内に侵入警報機を各所に取り付け」までがずらりと並んでいます。そして、これらの項目の合計として5,227,800円が計上されています。しかし、これらの項目はほとんどが

要らないものばかりです。

　例えば「仮設洗い場」とは、舗装されていない新築の工事現場にダンプカーなどが入って来れば車輪に泥が付くので、現場の出口に水溜まりを作り、車輪を洗って道路に出ても土埃で汚さないようにするための設備です。AURマンションであれば、トラックなどの進入してくる通路は全部舗装済みですから、「仮設洗い場」などは必要がありません。

　6行目に「仮設現場事務所・詰所」という項目があり589,600円が計上されています。これはプレハブの現場事務所のリース料です。しかし、実際の大規模修繕では、このような現場事務所は建設せず、マンションの玄関ホールの片隅を現場事務所に使っていたそうですから、このような費用は発生しないのです。

　17行目に「工事車両　外部賃借料5台×4ヶ月」とあり、61,200円が計上されています。工事車両とは、現場監督用の乗用車のレンタカーなのでしょう。そして、この程度の工事であれば現場監督は多くて2人で、工期は2〜3か月でしょう。大規模修繕は、防水や外壁仕上げの更新が中心で、現場から離れる必要はありません。2人でレンタカー5台を4か月も借り上げて、どこへ行くというのでしょう。だいたいそのような車をどこに駐車しておくのかも不明です。ですからこの項目もまったく不要なものです。

　総じて、この表の上半分の仮設工事の項目は、マンションの新築時に必要とされるもので、AURマンションの大規模修繕では必要のないものばかりです。20行目に記載されている5,227,800円は、大部分が不必要な金額です。

　次に表の下半分を眺めてみましょう。22行目に「外部鋼製システム足場w-600幅木共」が数量3,623㎡で㎡単価が1,090円、23行目に「外部鋼製システム足場w-1200幅木共」が数量397㎡で㎡単価が1,130円とあります。数量合計は4,020㎡になります。私の拾い出しは約3,900㎡ですので、A社の拾い出しとそう大きい違いはありません。また㎡あたりの単価も順当なところでしょう。

　しかし問題はここからです。普通の見積であれば、外部足場の費用は、この2項目の合計でおしまいです。㎡単価は、積算が速やかにできるよう前述のように複合単価になっています。ですから通常必要とされる階段などは、すでに複合単価に含まれており、新たに拾い出す必要はありません。足場に含まれない安全ネットなどは加算するにしても、足場そのものに加算費用は不要なのです。

　ですから上記の2項目の合計4,397,680円と25行目の「養生ネット状シート張り」の

表2　A社作成の詳細内訳の一部（元の表のままでは読み取りにくいので筆者が再構成）

項　目	数量	単位	単　価	金　額
大規模修繕工事　現場事務所、資材置場、安全対策費等				
仮設洗い場	1	式	83,500	83,500
仮設便所	1	式	98,200	98,200
仮設電気・水道（共用利用可　水道代支給）	1	式	344,000	344,000
仮設現場事務所・詰所	1	式	589,600	589,600
簡易バリケード・工事標識	1	式	98,200	98,200
材料収納用コンテナ設置費	1	式	275,100	275,100
仮設通信・連絡費（TEL・FAX）	1	式	196,500	196,500
事務所備品・他・消耗品	1	式	393,100	393,100
廃材処分費	1	式	442,200	442,200
資材運搬・荷揚げ共	1	式	78,600	78,600
整理・清掃・跡片付け・養生共	1	式	196,500	196,500
工事に伴う建物、外構廻り植栽剪定・枝払い	1	式	147,400	147,400
安全対策費（警備員40人程度）	1	式	491,400	491,400
居住者車両　外部賃借料　4台×4か月（足場架設・撤去時の為）	1	式	491,400	491,400
工事車両　外部賃借料　5台×4か月	1	式	614,200	614,200
足場内に侵入警報機を各所に取り付け			687,900	687,900
計				5,227,800
大規模修繕工事　外部足場、養生シート等				
外部鋼製システム足場　W-600　幅木共	3,623	㎡	1,090	3,949,070
外部鋼製システム足場　W-1200　幅木共	397	㎡	1,130	448,610
階段足場	175	㎡	1,080	189,000
養生ネット状シート張り（養生金網面以外すべて）	3,894	㎡	120	467,280
落下防止用ラッセルネット張り　各フロアー毎	830	m	370	307,100
出入り口　開口補強　エントランス、専有庭、車路、駐車場出入	18	m	3,440	61,920
落下防止棚（アサガオ）	70	m	4,910	343,700
昇降階段	4	箇所	21,620	86,480
養生金網　H=1800	157	m	960	150,720
脚立足場（内外共）	1	式	49,140	49,140
避雷針用足場　H=7M	1	式	54,000	54,000
場内小運搬	4,020	㎡	150	603,000
資材運搬費・資材荷揚げ費	4,020	㎡	120	482,400
壁繋ぎ跡補修費	1	式	78,620	78,620
計				7,271,040

467,280円の合計約486万円ほどが、本当に必要な足場代です。下半分に記載されている項目の合計は約727万円ですが、上記金額との差額241万円が過剰に計上されています。

そして、表の上半分のその他の仮設工事の本当の必要額を50万円ぐらいと仮定すると上半分と下半分の不必要額の合計は約700万円となります。もともとのＡ社の見積では、上半分と下半分の合計は約1,250万円ですから、700万円は56％にあたります。実に、必要な工事費から、倍額以上に膨らませていることがわかります。

 ## ③ 金額を膨らませる無駄だらけの Ａ社が作った長期修繕計画総括表

さらに、Ａ社の作った長期修繕計画表（表３、60～61ページ）を眺めながら具体的な問題点を指摘しましょう。この計画表は、「（様式第4-1号）長期修繕計画総括表」という名前が付けられています。表の上半分には、直近に大規模修繕が行われた2016年度から2045年度までの修繕予定と必要工事費の推定額が記されています。

下半分には、積立金の違いによりどの程度、積立金会計が変化するかというシミュレーションを検討する目的で、Ａ案、Ｂ案、Ｃ案が帯状に３段で並んでいます。

現在は、Ａ社が推薦したのであろうＢ案が採用されています。その年間積立額は約1,129万円です。通常であれば、組合全体の年間積立額は、12年周期想定で350万円程度（5千4百円×54戸×12か月、74ページに詳述）で済むでしょうから、この約1,129万円は、必要額の約３倍にあたります。Ａ社が自己のもうけ確保のために意図的に膨らました大規模修繕計画の予定額に摺り合わせるために、積立金額を増加させているのです。

年間積立額約1,129万円のＢ案を真ん中に、それより約140万円と安いＡ案と、約344万円高いＣ案とを提示し、管理組合が自主的にＢ案を決定したと思わせるように仕向けているのです。

さて、この計画表の問題点の指摘です。

（１）2019年度に給排水設備の工事費が総計約1,750万円記されていますが、これは不要な金額です。管類がすでに鉄管からビニル管に取り替えられています。ビニル管は紫外線に曝されなければ半永久的に傷むことはなく、このような高額の工事

費用が発生することは考えにくいことです。ですからこの約1,750万円の工事費用は、A社が不当に膨らませた額です。

（2）2020年度の「受水槽の補修」費用の300万円も怪しいものです。AURマンションの受水槽は、古いタイプのため鉄筋コンクリート製です。現在よく使用されるプラスチック製の受水槽は耐久性に乏しいものですが、コンクリート製の受水槽はとても丈夫です。その修繕には水漏れ時の防水の部分的な補修で済みますので、5万円ぐらいの予算を見ておけば十分です。それに対し計画表では300万円を計上しています。これも偽の計画、積算ですね。

（3）同じく2020年度で「管理人室エアコン取替」に45万円を計上しています。全体の中では細かい金額ですが、工事費予定額をつり上げるためには、このような細かいところからの積み上げが大切なのでしょう。通常、家庭用のエアコンは、大型量販店から購入すれば工事費込みで10万円以下です。一般の電気工事会社に発注しても15万円程度でしょう。この計画表の金額には、その3倍の費用が書き込まれています。

（4）2023年度を見てみましょう。まず270万円の「ガス設備」修繕の費用が記されています。どうしてこのような費用が発生するのか理解できません。この金額も偽工事費の計上です。同じ年度に1,350万円の「分電盤類の取替」という計上があります。これはIHコンロなどを利用するための各住戸の電気容量の増加を目的とする工事でしょう。これは必要な工事ですが、工事金額は計上されている半額ほどで済むはずです。ここでも700万円ほどが余分に計上されています。

（5）2022年度には、各住戸の「玄関扉取替」で、1,434万円が記されています。これについては私が作成した「今後のAURマンション大規模修繕計画」では500万円と算定しました。実に、1,000万円程度を膨らませて計上しています。

（6）2024年度には「EV取替」で600万円が計上されています。これも不要な数字です。先にも述べたとおり、エレベーターはメーカーが部品を保持しているかぎり、日常のメンテナンスで使い続けることができます。

（7）2025年度には「給水ポンプの取替」180万円が記されています。これは、その半額の100万円以下で済みます。「消火ポンプ、消火管の取替」で800

A社のやっていることは詐欺そのものですね！ひどい！

表3 （様式第4-1号　長期修繕計画総括表）

第3回大規模修繕工事 ／ 汚水・雑排水管設備修繕工事 ／ 鉄部等中規模修繕工事 ／ 第4回大規模修繕工事

区分	指定修繕工事項目	暦年	2016	2017	2018	2019	2020	2021	2022	2023	2024	2025	2026	2027	2028	2029
			H28	H29	H30	H31	H32	H33	H34	H35	H36	H37	H38	H39	H40	H41
		経年	41	42	43	44	45	46	47	48	49	50	51	52	53	54
仮設	1 仮設工事		13,268			1,240			1,240						13,268	
建築	2 屋根防水		12,551												12,791	
	3 床防水		5,930									バルコニー塩ビニール貼り			7,550	
	4 外壁塗装等		13,955										2,480		27,320	塗装面全面撤去の上再塗装
	5 鉄部塗装等		4,142						1,530						4,752	
	6 建具・金物等		3,929					14,340		玄関扉取替			共用扉・掲示板 集合郵便受・室名札取替		11,530	
	7 共用内部		1,170												4,300	
設備	8 給水設備					3,510	3,000	受水槽の補修				1,800			エントランス・管理人室内装改修	
	9 排水設備					14,040						給水ポンプの取替え				
	10 ガス設備															
	11 空調・換気設備		93		換気扇取替			450	管理人室 エアコン取替							
	12 電灯設備等		3,170		照明器具取替					13,500	分電盤類の取替					
	13 情報・通信等															
	14 消防用設備				200			200				200	8,000	200		
	15 昇降機設備											6,000	EV取替え			
	16 立体駐車場設備															
外構・その他	17 外構・附属施設		5,781						1,637						5,747	
	18 調査診断、設計、工事監理		681	1,650										1,340	1,000	
	19 長期修繕計画作成費用								200						200	
	小計		64,670	1,650	200	18,790	3,450	200	18,947	16,200	6,200	9,800	2,480	1,540	88,458	
	消費税		5,174	132	16	1,879	345	20	1,895	1,620	620	980	248	154	8,846	
支出	推定修繕工事費 年度合計		69,844	1,782	216	20,669	3,795	220	20,842	17,820	6,820	10,780	2,728	1,694	97,304	
	推定修繕工事費 累計		69,844	71,626	71,842	92,511	96,306	96,526	117,368	135,188	142,008	152,788	155,516	157,210	254,514	254,514
	（借入金の償還金 年度合計）		-31,860													
	支出 年度合計：A		37,984	1,782	216	20,669	3,795	220	20,842	17,820	6,820	10,780	2,728	1,694	97,304	
	支出 累計		37,984	39,766	39,982	60,651	64,446	64,666	85,508	103,328	110,148	120,928	123,656	125,350	222,654	222,654
A案	修繕積立金の残高		78,119													
	修繕積立金（現行：@201円/㎡・月）		6,784	9,878	9,878	9,878	9,878	9,878	9,878	9,878	9,878	9,878	9,878	9,878	9,878	9,878
	その他の繰入金		203	259	259	259	259	259	259	259	259	259	259	259	259	259
	収入 年度合計：B		85,106	10,137	10,137	10,137	10,137	10,137	10,137	10,137	10,137	10,137	10,137	10,137	10,137	10,137
	収入 累計		85,106	95,243	105,381	115,518	125,656	135,793	145,930	156,068	166,205	176,343	186,460	196,617	206,755	216,892
年度収支（B:収入－A:支出）			47,122	8,355	9,921	-10,532	6,342	9,917	-10,705	-7,683	3,317	-643	7,409	8,443	-87,167	10,137
修繕積立金 次年度繰越金			47,122	55,477	665,399	54,867	61,210	71,127	60,422	52,740	56,057	55,415	62,824	71,267	-15,899	-5,762
B案	修繕積立金の残高		78,119													
	修繕積立金		9,878	11,291	11,291	11,291	11,291	11,291	11,291	11,291	11,291	11,291	11,291	11,291	11,291	11,291
	修繕積立金改定案			H29年改定：@230円/㎡												
	その他の繰入金															
	収入 年度合計：B		87,997	11,291	11,291	11,291	11,291	11,291	11,291	11,291	11,291	11,291	11,291	11,291	11,291	11,291
	収入 累計		87,997	99,288	110,579	121,870	133,161	144,452	155,743	167,034	178,325	189,616	200,907	212,198	223,489	234,780
年度収支（B:収入－A:支出）			50,013	9,509	11,075	-9,378	7,496	11,071	-9,551	-6,529	4,471	511	8,563	9,597	-86,013	11,291
修繕積立金 次年度繰越金			50,013	59,522	70,597	61,219	68,715	79,785	70,234	63,705	68,176	68,687	77,249	86,846	833	12,124
C案	修繕積立金の残高		78,119													
	修繕積立金		6,784	14,728	14,728	14,728	14,728	14,728	14,728	14,728	14,728	14,728	14,728	14,728	14,728	14,728
	修繕積立金改定案			H29年改定：@300円/㎡												
	その他の繰入金															
	収入 年度合計：B		84,903	14,728	14,728	14,728	14,728	14,728	14,728	14,728	14,728	14,728	14,728	14,728	14,728	14,728
	収入 累計		84,903	99,631	114,358	129,086	143,813	158,541	173,269	187,996	202,724	217,451	232,179	246,907	261,634	276,362
年度収支（B:収入－A:支出）			46,919	12,946	14,512	-5,941	10,933	14,508	-6,114	-3,092	7,908	3,948	12,000	13,034	-82,576	14,728
修繕積立金 次年度繰越金			46,919	59,865	74,376	68,435	79,368	93,875	87,761	84,668	92,576	96,523	108,523	121,557	38,980	53,708

（注）建築欄に記載の吹き出し：大規模修繕総工事費 ¥65,901,600（税込み）

消火ポンプ消火管の取替（2025～2026年に記載）

（単位：円）

	鉄部等中規模修繕工事							第5回大規模修繕工事					説明会提出案			
2030	2031	2032	2033	2034	2035	2036	2037	2038	2039	2040	2041	2042	2043	2044	2045	合計
H42	H43	H44	H45	H46	H47	H48	H49	H50	H51	H52	H53	H54	H55	H56	H57	
55	56	57	58	59	60	61	62	63	64	65	66	67	68	69	70	合計
				1,240						13,268						43,524
										12,731						38,073
										8,340						21,820
										17,780						61,535
			1,530							4,512						16,466
										3,980						33,779
										1,170						6,640
					4,800				3,510						1,800	18,420
						2,000										16,040
																2,700
	93				450											1,086
						3,170										19,840
200			200			200			200			200			200	7,500
		500														6,500
				637						6,747						20,549
									1,340	1,000						7,011
				200						200						800
200	93	500	200	3,607	5,250	3,370	2,000		5,050	69,728		200			2,000	324,783
20	9	50	20	361	525	337	200		505	6,973		20			200	31,149
220	102	550	220	3,968	5,775	3,707	2,200	0	5,555	76,701		220			2,200	355,932
254,734	254,836	255,386	255,606	259,574	265,349	269,056	271,256	271,256	276,811	353,512	353,512	353,732	353,732	353,732	355,932	
																-31,860
220	102	550	220	3,968	5,775	3,707	2,200		5,555	76,701		220			2,200	324,072
222,874	222,976	223,526	223,746	227,714	233,489	237,196	239,396	239,396	244,951	321,652	321,652	321,872	321,872	321,872	324,072	
9,878	9,878	9,878	9,878	9,878	9,878	9,878	9,878	9,878	9,878	9,878	9,878	9,878	9,878	9,878	9,878	293,258
259	259	259	259	259	259	259	259	259	259	259	259	259	259	259	259	7,714
10,137	10,137	10,137	10,137	10,137	10,137	10,137	10,137	10,137	10,137	10,137	10,137	10,137	10,137	10,137	10,137	379,091
227,030	237,167	247,304	257,442	267,579	277,717	287,854	297,991	308,129	318,266	328,404	338,541	348,678	358,816	368,953	379,091	
9,917	10,035	9,587	9,917	6,169	4,362	6,430	7,937	10,137	4,582	-66,564	10,137	9,917	10,137	10,137	7,937	55,019
4,156	14,191	23,778	33,696	39,865	44,228	50,658	58,595	68,733	73,315	6,752	16,889	26,806	36,944	47,081	55,019	
11,291	11,291	11,291	11,291	11,291	11,291	11,291	11,291	11,291	11,291	11,291	11,291	11,291	11,291	11,291	11,291	337,312
11,291	11,291	11,291	11,291	11,291	11,291	11,291	11,291	11,291	11,291	11,291	11,291	11,291	11,291	11,291	11,291	415,431
246,071	257,362	268,653	279,944	291,235	302,526	313,817	325,108	336,399	347,690	358,981	370,272	381,563	392,854	404,145	415,436	
11,071	11,189	10,741	11,071	7,323	5,516	7,584	9,091	11,291	5,736	-65,410	11,291	11,071	11,291	11,291	9,091	91,359
23,195	34,383	45,124	56,195	63,518	69,034	76,617	85,708	96,999	102,735	37,325	48,615	59,686	70,977	82,268	91,359	
14,728	14,728	14,728	14,728	14,728	14,728	14,728	14,728	14,728	14,728	14,728	14,728	14,728	14,728	14,728	14,728	433,884
14,728	14,728	14,728	14,728	14,728	14,728	14,728	14,728	14,728	14,728	14,728	14,728	14,728	14,728	14,728	14,728	512,003
291,089	305,817	320,545	335,272	350,000	364,727	379,455	394,183	408,910	423,638	438,365	453,093	467,821	482,548	497,276	512,003	
14,508	14,626	14,178	14,508	10,760	8,953	11,021	12,528	14,728	9,173	-61,973	14,728	14,508	14,728	14,728	12,528	187,931
68,215	82,841	97,019	111,527	122,286	131,238	142,259	154,787	169,514	178,687	116,713	131,441	145,949	160,676	175,404	187,931	

注記：塩ビニールは全面張り替え（2040年欄）、ゴミ置き場改修（2040年欄）

万円の計上があります。消火ポンプは取り替えても100万円までででしょう。消火管については、法定検査で問題があれば、それを受けて対応すればよいことです。ですから、2025年度の消火管取り替え工事実施が必要かはわかりません。実際に取り替え工事を行うにしても高すぎです。その半額以下で十分のように思われます。

（8）それ以降の工事も怪しいところが満載ですが、これぐらいでやめておきましょう。全体として、必要工事費の倍額程度が提示されている驚くべき修繕計画表であると言えるでしょう。何度も、A社が工事費の半分以上を着服しようとしていると記していますが、その根拠がここにもあります。

（9）このA社による長期修繕計画総括表（表3）は、2045年までの計画で、平均住戸の積立金月額は約1万7千5百円です。この額はとてつもなく高額で、74ページに記している2106年度大規模修繕工事の過剰見積もりを除いた本来の平均住戸あたり積立金月額（12年周期として）の5千4百円の約3倍にあたります。2016年度工事では、2倍の額に見積もりを増やし、談合によって適正な額と同等額を不正に着服していました。表4では、適切な工事額の3倍に総額を膨らませ、今後は適切な額の2倍の額を着服しようと意図していると読むことができます。

 A社と配下の工事業者による談合

　いくら高額な見積をA社が作ったとしても、それを工事契約に反映し、不正に積み増しした金がA社に還流しなければ、そのような不正な積算を行う意味はありません。

　2016年のAURマンションの大規模修繕の施工業者決定を記した一冊の文書がありました。それを読み込んでいくと、「比較検討表（総括表）（表4）」という書類に行きあたりました。

　真ん中の薄いピンク色の部分の総工事費合計という欄を見ると、施工業者の見積額は、A社の見積額とほぼ同額の施工業者Xの上下に明確な200〜300万円の差額できれいに並んでいます。一番高い施工業者Zは7,560万円、その下に4位のY社が7,236万円、3位が真ん中の施工業者Xで7,020万円、その下の2位が施工業者Wで6,696万円、そして1位の落札者が施工業者Vで6,426万円です。そして、真ん中のXの金額はA社の

積算の6,996万円に極めて近く23万円の差しかありません。

　A社の見積が正しく、前後に2社ずつがきれいに並んでいることを、アピールしているようです。しかし、この入札金額の並びは極めて不自然で、一般によく行われる公共工事の談合の金額の並び方とよく似ていると言えます。

　建築工事が多くない現在では、ゆとりの多いA社の見積を下回って、多くの施工業者が低額で入札競争を行うのが普通ですが、そのような様子は見られません。本来は3,300万円前後で、施工業者の迫真のしのぎを削る価格競争があって当たり前です。しかし、そのような姿が見られないのは、この入札（見積もり合わせ）が談合によって行われたことを明確に示しています。

　当時、業者決定に関わった管理組合役員から事情を伺いました。管理組合からは10社以上の施工会社推薦があったそうです。しかし、いつの間にかA社が組合役員の信頼をよいことに、技術的優位性も発揮して、A社が予定する施工業者V、W、X、Y、Zのみを入札（見積もり合わせ）参加業者に決定したのです。そして、今回のチャンピオン（不正落札業者の呼び名）の落札業者はVと談合の会議で決まったのでしょう。A社が不当利得の3,150万円のほとんどを着服し、Vやその他の談合参加者にも幾分のおこぼれが行くという構図なのでしょう。

　後で他の関係者から聞いた話では、A社とVとの今回のコンビが、他のマンションの大規模修繕にも関わっているとのことでした。AURマンションだけではなく、他の多くのマンションが同じような被害を受けていることがわかり、この時点では、個別ではなく社会的な取り組みの必要を感じました。しかしその後、事態はもっと深刻であることがわかりました。

表4　談合の証拠

見積り比較検討表（総括表）

業者名 名　称				1 施工業者V		2 施工業者W	
工事項目　施工部位　仕様	数量	単位	単価	金　額	単価	金　額
【総　括】						
A.　共通仮設工事	1	式	（1）	5,320,000	（2）	5,333,000
B.　建物本体工事	1	式	（1）	47,458,134	（2）	50,990,240
C.　別棟・外構工事	1	式	（1）	1,962,627	（2）	2,068,748
D.　現場管理費	1	式	（4）	2,400,000	（1）	2,000,000
E.　諸経費	1	式	（3）	2,800,000	（1）	2,000,000
F.　端数値引き	1	式	（2）	-440,761	（3）	-391,988
合　計			（1）	59,500,000	（2）	62,000,000
消費税　8%				4,760,000		4,960,000
総工事費合計			**（1）**	**64,260,000**	**（2）**	**66,960,000**
1番手に対する合計金額の差額				0		2,700,000
2番手に対する合計金額の差額				-2,700,000		0
3番手に対する合計金額の差額				-5,940,000		-3,240,000
4番手に対する合計金額の差額				-8,100,000		-5,400,000
5番手に対する合計金額の差額				-11,340,000		-8,640,000
値引き前合計				59,940,761		62,391,988
設計予算に対する掛率				91.8%		95.70%
戸当り平均工事金額	54	戸		1,190,000円／戸		1,240,000円／戸
延床面積当り工事金額		延㎡		12,530円／延㎡		13,060円／延㎡

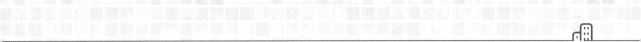

| 3 | | 4 | | 5 | | 設計概算予算 | |
| 施工業者V | | 施工業者W | | 施工業者W | | | |
単価	金　額	単価	金　額	単価	金　額	単価	金　額
（3）	5,560,000	（4）	5,905,000	（5）	6,475,000		3,490,000
（3）	52,229,676	（4）	54,048,382	（5）	55,569,524		54,396,062
（3）	2,093,079	（4）	2,309,590	（5）	2,635,720		1,968,699
（3）	2,200,000	（5）	2,800,000	（1）	2,000,000		2,500,000
（4）	3,000,000	（2）	2,500,000	（5）	3,500,000		2,500,000
（5）	-82,755	（1）	-562,972	（4）	-180,244		-72,661
（3）	65,000,000	（4）	67,000,000	（5）	70,000,000		64,782,100
	5,200,000		5,360,000		5,600,000		5,182,568
（3）	**70,200,000**	**（4）**	**72,360,000**	**（5）**	**75,600,000**		**69,964,668**
	5,940,000		8,100,000		11,340,000		5,704,668
	3,240,000		5,400,000		8,840,000		3,004,668
	0		2,160,000		5,400,000		-235,332
	-2,160,000		0		3,240,000		-2,395,332
	-5,400,000		-3,240,000		0		-5,635,332
	65,082,755		67,562,972		70,180,244		64,854,761
	100.3%		103.4%		108.1%		100.0%
1,300,000円／戸		1,340,000円／戸		1,400,000円／戸		1,295,640円／戸	
13,690円／延㎡		14,110円／延㎡		14,740円／延㎡		13,640円／延㎡	

PART 5
修繕コンサルA社の不正、修繕工事見積金額を倍額程度
に膨らませ、業者選定時の談合により多額を着服

マンション修繕悪質コンサルの インターネット記事

その後、インターネットで、「マンション修繕コンサルの不正」で検索してみると、多数のコンサル不正に関する記事が載っていました。驚いたことに、このような不正が広く蔓延していることがわかりました。今回関わったＡ社だけではなく、少なからぬ「マンション修繕コンサル」が不正に手を染めている様子が理解できました。マンション管理組合の方々は、このような業者に引っかからないよう慎重に、修繕に関係する専門家を選定しなければなりませんね。

以下に、コンサル不正について記したインターネット記事のうちの一つをご紹介します。その酷い実態がよくわかります。マンションの大規模修繕費用が「談合」などで不当に高く見積もられることを懸念し、マンション管理組合でコンサルを公募したり、入札方式で工事費を決定する動きが出ていますが、実はここにも「落とし穴」があるようです。

無料メルマガ『まんしょんオタクのマンションこぼれ話』ではマンション管理士の廣田信子さんが、不適切コンサルの悪質な手口を暴き、その打開策を語っていますが、その内容を要約でご紹介します。

不適切コンサルが蔓延する背景

1　不適切コンサルが蔓延する背景には、管理組合の役員がうまくいかなかった時に、自分たちの責任を追及されないようにしたいという思惑があります。理事や委員の多くは専門家ではないため、大規模修繕工事に変わってまず考えることは、多額のお金が動くので、公正にすすめなければならないということです。

2　役員が随意にコンサルを選定することは不適切であり、コンサル選定は公募で、実績があり、コンサル料が安いところから選ぶという方針になります。

3　新聞等でコンサルタントを公募すると、不適切コンサルには対応する専任の人がいて、手あたり次第公募に応じます。一方、真面目な設計事務所はなかなか応募しません。設計・監理の本来の仕事がある中で、対応しきれないからです。

決算書を持って来いとか、指定の方式に従って見積もりを出せとか、〇月〇日〇時にヒヤリングに来いとか、設計で忙しい設計事務所には負担が大きすぎる要求がなされる場合が多いのです。

4　入札方式で施工業者を決める場合の問題です。不適切コンサルは、自分の息のかかった施工業者だけが応募し、それ以外が応募しないようにさまざまな公募条件を付けます。施工業者の側も、取り仕切っているコンサルの名前を見て、ここは、どっちみち談合が成り立っていて、排除されるか、バックマージンを要求してくるんだろうと思うと、そのコンサルのグループ以外の施工会社は応募しなくなります。

5　それでも、談合に加わらない施工業者が、果敢に応募してくることもあります。談合は、1社でも加わらないと成立しないので、コンサルは何とかその業者を排除しようとします。談合外の施工業者には、ヒヤリングで意地悪な質問をして、印象が悪くなるよう操作したり、仕事を取らせたい施工業者には前もって質問することを教えておいて、好印象の回答ができるようにする。そんな印象操作はいくらでもできるのです。

6　それでも一番低い価格で応札した談合外の業者に決まりそうになると、コンサルは、管理組合に対して、「今日急いで決めることはないですよ」と言って先延ばしさせて、予定の施工業者に、それを下回る再見積もりを出させて仕事を取らせるというようなアンフェアなこともやります。

7　低い金額で契約させられたグループ内の施工業者は、その金額の中からコンサルへのバックマージンを払わされるのですから、採算が合うはずがありません。手抜き工事につながることは目に見えます。

8　組合側をだますようなことでも、コンサルは上手にもっともらしい理由をつけて言うので、専門家の言うことだからと管理組合側もそれに従ってしまいます。「あの業者はちょっと最近評判が悪いんですよ」というような根拠のない耳打ち情報で、管理組合を操作することもあるのです。

(https://www.mag2.com/p/news/384917から)

　驚くような内容ですが、このインターネット記事に記載の修繕コンサルやAURマンションに関わったＡ社は、不正な事例の代表格です。修繕コンサルとは基本的に怪し

いのかなと思い、他の資料にあたりました。するとさらに恐ろしい記事が記載されていました。

「知らないと損をする大規模修繕工事（須藤桂一著、株式会社シーアイピー編、NextPublishing発行）」の72ページに「あるとき、工事会社の経営者に『どの程度で談合やリベートがあると思いますか？』と聞いてみたところ、『マンションの大規模修繕工事が10物件あるとすれば、談合・リベートは10物件で確実にあるでしょう。100物件だとすれば、99物件程度は談合・リベートがありますよ』という驚きのコメントが返ってきました」と記載されています。

修繕コンサルには不正を行わないと経営できないという事情があるようです。

その前後に、修繕コンサルのひどい談合の手口が詳しく記載されており「ほとんどの修繕コンサルが不正に手を染めている」という工事会社経営者の発言は、信憑性が十分なように思われます。また、その後の国土交通省の施策の調査（82ページ）では、不正はさらに広範に存在することが明らかになります。

⑥ 「修繕コンサル」を名乗る多くの会社は、経営上の必然性から不正に手を染めざるを得ない実態

マンションの修繕に関する専門家的素養や技術は、そう難しくはありません。町のペンキ屋さんなどであれば、誰でも施工できる程度の技術が必要とされるだけです。集合住宅の設計・監理に携わっている建築専門家であれば、誰でも簡単に対応できることです。むしろ一般に「修繕コンサル」の建築技術者は設計などの機会が少なく、「修繕コンサル」の仕事を選ばざるを得なかったのかと思います。

修繕の仕事は、設計・監理に比べ、創る楽しみに乏しく、技術者としてのやりがい

に欠ける側面があります。「修繕コンサル」の建築技術者はやりがいを求めることをあきらめ、不正な金儲けに走っていると推測できます。

　また「修繕コンサル」を名乗っている会社の多くは、経営上の必然性から、不正に手を染めざるを得ない実情があるようです。設計事務所のように、他の建物の設計でお金を稼げるわけではなく、マンションのコンサルティングのみが収入源です。一般に管理組合は、コンサルが経営できるような高いコンサルティング料を払う内部合意がとれませんので、その仕事を取ろうとすれば、経営できないような安いコンサル料を提示して管理組合と契約することになります。そうすると必然的に、施工業者からバックマージンやキックバックという不正なお金を還流させる経営をせざるを得ないことになります。

　81ページに記している国土交通省のガイドラインの数字からは、同省のアンケート調査に応じた修繕コンサルの多くが、このような不正に手を染めていることがわかります。この根拠については82ページに詳しく記しています。

PART **6**

適正な修繕積立金の算定と
不正コンサルの見分け方

不正コンサルの被害を避けるために、適正な修繕積立金を算定する方法を検討します。また、算定された適正な積立金などに基づき、不正コンサルを見分ける方法も記します。

　また、不正コンサルを避けることに関して、管理組合の立場で協力してくれる専門家や団体についてもご紹介します。

　そして、不正コンサル問題についての国土交通省の対応についても記しています。その対応は、問題の重要性を認識しない、はなはだ不十分なものです。Part 7では改善策を示しています。

A社の積み増しと「低耐久工事」の積立金総額に占める割合の算定

　A社の内訳からA社が不当に増加させている金額と、低耐久材更新工事などの工事比率を算定してみましょう。2016年度のAURマンションの大規模修繕工事の大項目内訳を集約したものが表5です。工事費総額は64,670千円になっています。A社作成の内訳の大項目の工事費目別の内訳が「①A社内訳」です。その内訳をもとに筆者が精査した内訳が「②筆者精査内訳」です。

　まず表の右端の「②の工事費計に対する割合」は、「各分類の②筆者精査内訳の計」の「②の総計」に対する割合です。「筆者精査内訳」に基づくと「低耐久工法・材料更新工事」は全体の44％で、大まかな数にすると約4割強です。その他工事は7％強で全体の1割弱になります。そしてコンサルの取り分（おおむね談合によるリベート）は49％弱で、約5割になります。コンサルタント料含むリベートの総額は3,150万円ほどになります。

　「低耐久工事」の4割強は、耐久性の高い工法や建材を使用していれば支出の必要のないもので、何度も記しているように、耐久性の低い工法や材料を提供している建材メーカーや修繕業者への貢ぎ物ということになります。そして、工事費計の半額に迫ろうとするコンサルのすさまじいリベートは、不当なものです。

　なお、筆者は大学・大学院修士の建築コースを修了して、まず兵庫県建築部営繕課に勤めました。仕事は県の公共施設の設計と工事の監理（設計図どおり適正に工事がすすめられているか、工事現場と現場技術者をコントロールする仕事）です。その設

表5　2016年度大規模修繕工事費の精査（単位：千円）

分類	工事費目	①A社内訳	②筆者精査内訳	①／②(%)	②の工事費計に対する割合（%）
低耐久工法	仮設工事	13,268	5,449	244	43.87
	屋根防水工事	12,551	5,797	217	
	床防水工事	5,930	4,390	136	
	外壁塗装など	13,955	5,657	247	
	共用内部	1,170	2,000	59	
	鉄部塗装	4,142	2,500	166	
	諸経費	0	2,579	0	
	計	51,016	28,372	180	
その他工事	建具・金物など	3,929	1,250	315	7.37
	空調・換気設備	93	0	—	
	電灯設備工事	3,170	1,585	200	
	外構付属設備	5,781	1,500	386	
	諸経費	0	434	0	
	計	12,973	4,769	273	
工事費計		63,989	33,141	194	51.25
コンサル料およびリベート		681	31,529	3	48.75
総計		64,670	64,670	100	100.00

計にかかる仕事内容は設計のみならず、地方公共団体としての施工会社決定における入札に対応するための正確な積算が必須でした。ですから筆者の設計した建築（兵庫県立図書館や尼崎のピッコロシアターなど、多数）の積算は筆者個人が責任をもって行い、入札の敷札（基準となる価格）の根拠となる価格の設定を行っていました。

　したがって筆者は、発注者（かつては兵庫県でしたが、今の状況では例えば管理組合）の立場に立つ、建築積算のプロであるといってもよい自信があります。また一時期は、兵庫県庁の建築職の積算担当主査として、旧建設省の担当と厳しい論争を繰り広げたこともあります。

　以上のようなことから、「建設物価」など公表（市販）されている公的単価表などを用いての、前記のマンションの大規模修繕の積算は、おおむね正しいものと自信をもっています。

適正な修繕積立金額の算定

　なお、この表 5 から、2016年度の大規模修繕工事程度の工事を行う場合の修繕積立金の必要額を算定してみましょう。

　精査額工事費と諸経費の合計に10％の消費税を加えると36,455千円です。これを12年ごとの工事と想定して54戸（平均住戸面積75.78㎡≒76㎡）の戸あたり月額に直すと、36,455千円÷（12年×12か月×54戸）＝ 4 千 7 百円／戸になり、コンサルタント料（ 5 百万円程度を想定）を付加すると 5 千 4 百円／戸・月ということになります。72円／㎡・月です。少しゆとりをもたせてこれを切り上げると専有面積あたり約80円／㎡です。

　これは屋上防水更新工事・外壁塗装更新工事・鉄部など再塗装工事を行った場合の積立金金額です。防水工事・塗装工事・仮設工事は、このところしばらく大きな変動はありませんので、この数値は近い将来まで適用が可能であると思われます。

　この筆者が算定した数値の正当性を確かめるために、まじめな立場でマンション大規模修繕に長年携わってきた建築設計技術者にヒヤリングを行いました。

　中層で 3 LK（専有80㎡ぐらいと想定）程度50〜100戸ぐらいの鉄筋コンクリート造（屋上防水・外壁吹き付け塗装・鉄部塗装の場合）のマンションの大規模修繕工事の戸あたりの費用は、なべて70〜80万円／戸、コンサルタント料は戸あたり 2 〜 3 万円であるとの回答を得ました。

　この金額は、マンションの大規模修繕のコンサルティングに公正な立場で長期に関わり、実績の大きい技術者団体の内部で共有されている数字で、信頼性がとても高いものです。

　12年周期の大規模修繕として、高めの80万円を元に計算すると、80万円÷（12年×12か月×80㎡）≒70円／㎡・月となります。また、コンサルタント料は戸あたり 3 万円として、同じ計算で約 3 円／㎡・月です。しかし、このコンサルタント料はAURマンションの場合を想定すると、 2 年間の設計・監理料で177万円ほど、少し安すぎます。大規模マンションでは約 3 円／㎡・月でよいでしょうが、50戸程度のマンションでは少し厳しい額です。その場合は普通に考えて倍額程度が必要でしょう。

　コンサルタント料を 7 円／㎡とするとコンサルタント料の総額は 7 円×76㎡×144か

月×54戸≒414万円になります。コンサルティング（設計・監理）には2年ほどがかかりますので年200万円ほどが確保でき、2〜2.5件ほどが業務として動いておれば、矛盾少なく経営できる水準だと思われます。

　コンサルタント料を7円／㎡・月として合計すると77円／㎡・月になります。私の算定額72円／㎡・月とおおむね同水準です。私の提示している12年周期の場合の修繕積立金の額の72円／㎡・月、ゆとりをもたせて切り上げて80円／㎡・月は、信頼できる数値であることが証明されました。

　この数値は、AURマンションのように一般的な普通のマンションの場合に適合する数値です。でこぼこした平面計画で外壁面積が多かったり、特殊なデザインや設備のマンションでは、この数値よりも積立金額が増加する可能性があります。おのおのの事例で、詳細内訳書から積算すれば正しい数値を算出することができます。

　なお、北海道など寒冷地で最近よく実施されている外断熱工法を採用する場合は、一時的に大きな費用が発生します。外断熱工法は外壁㎡あたり1万5千円の費用がかかります。1住戸あたりの外壁面積を50㎡とすると75万円になります。12年間で積み立てようと思うと月に約5千2百円／戸で、76㎡の住戸では約70円／㎡・月です。ですからこの場合は、外断熱工事を実施する前の12年間だけは「防水などのみ」の積立金40円／月に70円／月を加算して、110円／㎡・月の積み立てが必要になります。ただし外断熱工事は外国製の耐久性の高い（メーカーの発表では数十年の耐久性）仕上げ材が用いられ、1回きりの工事ですので、その後の積立金は「防水などのみ」の積立金40円／月になります。

　また、外断熱工法は居住性の向上に大きな効果がありますので、12年も待たずに銀行から借り入れて先に実施することも考えられます。金利を1.5％、返済期間を5年とすると返済額は約1万3千円／月・戸で、76㎡の住戸で考えると171円／㎡・月になり、これに40円／㎡・月を加えると211円／㎡・月になります。大きい金額ですが負担可能な範囲だと思われますので、温熱的な生活の質を早期に改善したいと思われる場合は、決断して融資を受け、外断熱工事を実施されることをおすすめします。

③ 不正コンサルを見分ける方法は コンサル料と積立金の額

　私が考える、簡単に不正コンサルかどうかを判断する方法をお教えしましょう。第一は、上に指摘したように経営できるコンサル料をちゃんと取っているかという点です。バックマージンを施工会社に要求しないで不正なく健全に経営するためには、それなりの正当な収入が必要なのです。前項でも簡単に触れていますが、再度検討を加えます。

　ちなみに、コンサルタント料（大規模修繕工事に関わる設計・監理費用）は、国土交通省の規定を準用すれば50〜100戸ぐらいのマンションで400〜500万円ぐらいが必要のようです。

　例えば、賃金が年収500万円の技術者が、年2件を担当するとすれば、1件あたりの人件費は約250万円です。国土交通省の規定に基づき諸経費を加えるとその倍額の500万円（設計・監理費）になります。年2.5件を担当すれば、それぞれ200万円と400万円（設計・監理費）です。これが大規模修繕1件あたりの普通のコンサルタント料です。

　技術者の経験年数などで、額は変動しますが、管理組合との適切な対応が必要ですから、人間関係などの経験の豊かな技術者が対応せざるを得ないでしょう。国民の年収が減少傾向にある昨今、人件費1人あたり500万円は少し高いように思われるでしょうが、これくらいの人件費は見ておく必要があります。具体事例で算定する場合は、国土交通省の規定のman-day算定法で詳しく算定してもらえば、より正確な数字を計算することができます。

　修繕コンサルを名乗り、コンサル決定時に上記のような額を大きく下回るコンサル料を提示する修繕コンサルタントは、施工業者からバックマージンを取ったり、談合などの不正を行っている可能性が高いと思われます。

　管理組合が修繕コンサルを選定する場合の問題です。一般に管理組合は、管理会社などの指導で、意味の乏しい業務経歴書＊と安いコンサル料から、依頼する修繕コンサルを決定するのでしょうが、これが修繕コンサルの思うつぼだと思います。

＊大規模修繕は単純な塗装工事が中心で、まともな建築技術者であれば誰でもコンサルティングができるものです。管理組合による選定の場では、経験回数の多さを審査基準にすることが多いようです。しかし、経験回数が多いということは、逆に不正に手を染めた回数が多いとも解釈できます。

数社の修繕コンサルを比較して選定する場合は、その数社は同業で情報交換をしており、隠れて談合を行っている可能性が高いと思われます。多くのマンションを金づるとしてコンサル間で内々に分配して、おのおののマンションの担当を決めていることでしょう。

管理組合役員会の前では、談合会議で担当に決まったコンサルが一番安いコンサル料を提示し、その他のコンサルは幾分高い額を提示するのだと思います。管理組合としては情報も少なく、提示されたコンサル料の多寡でコンサルを決定してしまうことになるのでしょう。そしてその後、高い修繕積立金と工事談合へと進むのです。

第二の判断材料は、そのコンサルが算定・提示した修繕積立金の額です。前項で詳しく算定したように、普通の中層マンションの場合、12年ごとの大規模修繕を想定すると、屋上防水と外壁塗装をセットで更新する場合は専有面積㎡・月額は80円です。

外壁を窯業系のタイルで仕上げ外壁再塗装の必要がない場合は、屋上防水その他の更新ですので、積立金の専有面積㎡あたりの月額は40円です。もし、これを大きく超える場合は、第三者の積算ができる建築技術者に、修繕コンサル作成の内訳書を精査してもらってはどうでしょうか。たぶん、不適切な事実が発見されるはずです。

4 NPOやコープなど分譲マンション管理で頼りになる非営利団体

このような被害を避ける最も賢い選択肢は、管理組合が今後の修繕に対応する建築技術者・組織を選定する場合、詐欺が疑われる「修繕コンサル」を前提とせず、実際に健全に設計・監理を行っている建築設計事務所などに相談することでしょう。しかし、その世界に疎い場合は、おいそれとはよい設計事務所などは見つけにくいかもしれません。

そのような場合に頼りになるのは、マンション管理に意義を感じて活動しているNPOやコープの非営利団体です。その団体自体が、設計事務所を組織している場合もありますし、質のよい設計事務所を紹介してくれて、管理組合と設計事務所の仲立ちをしてくれる場合もあります。

もちろん、その団体も組織維持の費用はかかるため、相談費用が必要ですが、不正コンサルでかかる費用よりもズッと安いものです。また大規模修繕の工事費の積算

チェックも、管理組合の立場に立って適切に実施してくれることでしょう。

　私が暮らしている関西には、「NPO法人マンション管理支援の関住協」（「関住協」）と「NPO法人集合住宅維持管理機構」があります。「関住協」は、もとは関西分譲共同住宅管理組合協議会という長い名称の、多数の管理組合が手をつないでつくった任意団体でした。今はNPO法人になり、マンション管理のソフト面について、メンバー内外の管理組合の相談にのってくれます。

　この団体はマンションエイダーといわれるものです。エイダーとはaiderで、支援組織の意味です。マンションエイダーとは、マンションの管理を支援する非営利組織のことです。

　「関住協」の主要メンバーが大規模修繕のコンサルティングに困り、良心的な設計技術者と協議をかさね、「集合住宅維持管理機構」が結成されました。参加している設計者・設計事務所は、小規模な事務所が多く、一方で建物の設計をしながら、マンションの大規模修繕にも取り組んでいます。ですから金儲けのために組織的に商売をしている不正「修繕コンサル」に比べ、必要経費も少なく、修繕コンサル料のみに依存することもないのです。そして相互の研修やチェックもしているので、不正の起こりようがないのです。

　東京には、「住まいとまちづくりコープ」という団体があります。名前のとおり、住まいとまちづくりに関する勉強会や運動、マンションのソフト的管理の支援、住宅やマンションのハード的維持管理、大規模修繕のコンサルティングも行っています。

　建築技術的には、これも良心的な設計事務所の集まりである「NPO法人設計協同フォーラム」と協同で、マンションの大規模修繕に対応しています。無駄な費用が発生せず、効率的に丁寧に対応してもらえます。その他、北九州や北海道にも、これらの団体と友好的であり、良心的なNPO的なマンションエイダー組織・技術者組織があります。

　なお、マンション管理組合の支援を掲げるNPO団体でも不正を行っている場合があります。NPOのマンション支援組織と名乗っているある団体のホームページを調べてみました。

　そこにはマンション修繕の「協力会社」として10数社が提示されていました。なにかひっかかるものがあったので、よくそれらの社名を眺めてみると、なんとAURマンションの不正談合に参加していたうちの３社が名前を連ねていたのです。また、そのホームページをあちこち詳しく調べてみたのですが、設計・監理についての記載があ

りません。ということは、それらの「協力会社」が設計し施工するということにならざるを得ません。

このNPOを名乗っている団体には、「協力会社」を、マンション管理組合の立場で適正にコントロールする機能・能力が欠けているのです。そして「協力会社」とNPOが一体となって、根拠なく積立金を膨らませ、談合によって不正に巨額のもうけを山分けしていることに間違いはないと思われます。

5 不十分な国土交通省による 不正修繕コンサル調査

今回の調査で、全国の分譲マンション管理組合の多くが、不正な修繕コンサルの被害を受けている可能性のあることがわかりました（82ページ）。被害額は、AURマンションの場合、A社と談合組織の取り分として必要な額を2倍に膨らませていました。2016年度以降のAURマンションの長期修繕計画表（表3、60〜61ページ）では、必要額の3倍が見積もり予定額で、本来額の2倍を詐取される可能性があります。

これを下敷きに考えると、大規模修繕の全国の推定年間総額約1兆2千億円の2／3の約8千億円という莫大な額が、不正修繕コンサルによる被害額になっている可能性があります。これは通常の商取引の常識を越えています。そして管理組合の多くは、そのような甚大な被害を被っていることを認識していません。国土交通省もだまされるような、これだけ巧みな不正が行われれば、素人である管理組合には対応が困難であるとも思われます。

国土交通省は、調査を行っていますが、十分ではありません。大規模修繕の工事金額などを調査において、不正コンサルが取りまとめたものも、不正なく行われたものも、区別なく混ぜ合わせて調査していますので、正確な実態が把握できていません。正しい調査結果を把握するためには、多くのサンプル事例の見積書を精査し、不正分を除いた金額で比較しないといけませんが、そのようなことは行われていません。

国土交通省の調査結果のまとめでもう一つ誤っているのは、大規模修繕工事で最も費用が大きい外壁の仕上げ材の質の違いを調査結果に反映させていないことです。「屋上防水工事などに加え、吹き付けの外壁仕上げ材を更新する場合」の工事費総額を2とすると、「外壁が窯業系タイル仕上げで、屋上防水などの工事のみ行い、外壁仕上げの

更新費用が不要の場合」の工事費総額はおよそ1です。

　窯業系タイルの工事費総額は、吹き付けの場合の約1／2なのです。この二つを一緒に比較し、統計的処理をしてもその調査結果には意味がありません。ですからこのような国土交通省の調査データからは、問題点を抽出することはできません。

　また、例えば2017年度に国土交通省が修繕コンサルを対象にアンケート調査を行い、その結果を「マンション大規模修繕工事に関する実態調査」というレポートにまとめています。さまざまなグラフが作られています。そしてマンション規模別の設計・コンサルタント業務量も示されています。

　しかし、前出の図書『知らないと損をする大規模修繕工事』の中には、「不適切コンサルは自分では業務を行わず、談合で施工担当が決まっている下請けの施工業者に内訳の作成など書類づくりをさせている」という主旨の記述があります。

　この記述の内容が広く蔓延していれば（その可能性は高いと思われますが）、国土交通省のアンケート調査に記した修繕コンサルの業務量に関する回答はでっち上げたものになります。ですから、この項目についても、アンケート調査は信頼できないものである可能性があります。

不正を誘導している国土交通省の不適切なガイドライン

　「〔国土交通省〕マンション修繕の基礎知識——マンションの修繕積立金に関するガイドライン」がインターネットで公開されています。この中で、規模別の修繕積立金の算出法が記されています（表6）。

　例えばAURマンションの住戸面積総計は4,092㎡で、5,000㎡未満の分類に属します。平均住戸面積は75.78㎡で、提示されている平均値218円／㎡・月（表6の黒枠は筆者が記入）を乗じると、16,520円／月・平均住戸になります。この額は今回のAURマンション調査で明らかになっている不正コンサルのA社による現在の修繕積立金17,500円（適切な額の約3倍であることが判明、62ページに記載）と近似額です。

　国土交通省は、不正コンサルの実態をほとんど調査・把握せずそれを是として、内容も細かく分析せず、不正コンサルのアンケート回答額をそのままガイドラインに用いているので、このような問題のある数値を示しているのでしょう。

表6 国交省による専有床面積あたりの修繕積立金の額

①専有床面積当たりの修繕積立金の額（A）

階数／建築延床面積		平均値	事例の3分の2が包含される幅
【15階未満】	5,000㎡未満	218円／㎡・月	165円～250円／㎡・月
	5,000～10,000㎡	202円／㎡・月	140円～265円／㎡・月
	10,000㎡以上	178円／㎡・月	135円～220円／㎡・月
【20階以上】		206円／㎡・月	170円～245円／㎡・月

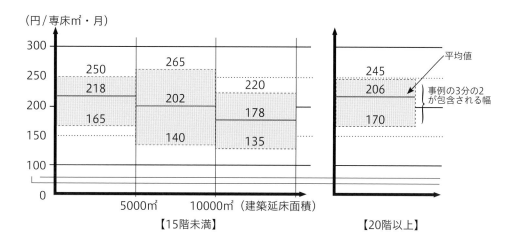

　上記の218円／㎡は、私がAURマンションの実例から算定した外壁更新を含む場合の12年ごとの修繕工事を想定した場合の適切な数字の80円／㎡の約2.7倍です。外壁がタイルなどで外壁仕上げ材の更新が不要な場合の12年ごとの修繕工事を想定した場合の適切な数字は40円／㎡です。この場合は、5.5倍ほどになります。

　このような方針やガイドラインをいくら提示しても、不正コンサルの横行を規制し、マンション所有者の被る大きな被害を防止することにはつながりません。

⑦ 国交省アンケート結果から判明した多くのコンサルの不正

　なお、AURマンションの修繕コンサルA社による不適切な修繕積立金（17,500円／㎡）と、国土交通省による大規模な調査の結果によるそれ（16,520円／月）がほぼ近似で

あるということから、国交省が調査対象としたであろう全国の多くの修繕コンサルが、A社と同様の不正な行為を行っていることが推測されます。それがどのようなものであるか、計算してみましょう。

　平均住戸専有面積75.78㎡で戸数が54戸というAURマンションをモデルに、国交省のガイドライン218円／㎡・月で算出した積立金がどこにどのように流れるのかをチェックしてみます。

　月あたり積立金の総額は「75.78×54×218＝892,082」、つまり約89万2千円です。一方、私の算出した12年ごとの場合の積立金80円／㎡・月で算定すると、「75.78×54×80＝327,369」で、約32万7千円です。

　大規模修繕周期の12年で計算すると上記の数字の144倍になりますので、国交省ガイドラインに従うと約1億2千8百万円あまりで、私の数値を用いると約4千7百万円です。その差額は実に8千万円ほどです。この差額がコンサルが不正に着服する金額です。本来額の170％を超える巨額なリベートです。

　このリベートによる儲け方は、Part 8の54〜65ページに記されているA社の行為のとおりであると思われます。管理組合をだまして修繕積立金を不当に積み増しし、配下の修繕業者を組織した談合組織で、高額で修繕工事を落札し、本来の工事費との差額を着服するという方法です。

　なお、本来の工事額の4千7百万円のうち、低耐久材料の更新のための工事費が8割強（72〜73ページの分析で、修繕工事費額のうち本来必要な工事額が約1割、低耐久工法・材料更新工事が約4割、不正コンサル談合着服金が約5割であると判明しました。ですから談合着服金を除く工事費総額の8割が低耐久工法・材料工事に用いられていると算定されます）ですので、その額は少なく見積もって、3千8百万円弱です。これは高耐久材料や工法を採用していれば不要な、建材メーカーや修繕業者への貢ぎ物です。高耐久化の条件をクリアしていれば、支払うべき工事費は12年間で、4千7百万円から3千8百万円を引き去った9百万円ほどですむのです。

　こう見てくれば、国交省のガイドラインで示された12年間の修繕見積もり1億2千8百万円のうち、実に1億2千万円近くが、修繕コンサルと建材メーカーおよび修繕業者に、不本意に奪われていることがわかります。

　また、他のマンション大規模修繕に関する本をのぞいてみると、国土交通省による「218円／㎡・月」が「正しい」数字として広く喧伝されているようです。国が示したものであるということで、その本の筆者らは自分では検証せず無批判に掲載している

のです。この数字が一人歩きをしているとの印象をもちます。

　このようなマンション修繕本を読む管理組合の役員の方々は、どの本にもこの数字が書かれていれば、国の示している数字でもあり、正しいものと信用してしまうことになるものと思われます。そして不必要に多額の積立金を押しつける不正コンサルを適切なコンサルと勘違いして信用し、多額の詐欺被害を被るのです。

　実際にAURマンションでもそのような勘違いが起こっていたとの報告がありました。2016年度の大規模修繕工事の後、AURマンション管理組合理事会で、不正修繕コンサルA社は「今後の積立金額ですが、国土交通省の推奨値は218円／㎡・月です。私たちが算定したのは230円／㎡・月で少し高いですが、国土交通省推奨の数値とほとんど変わらないので、これでよいですよね」との主旨を説明し、理事会では異議なく承認されたとのことです。

　本来の額の3倍の詐欺的積立金額を、理事会の信頼をよいことに、国土交通省のガイドラインもうまく活用して、承認させたのです。後はうまく談合に持ち込んで、積み増し分（本来額の倍額程度）を不正着服しようとの魂胆です。

　一方、それまでA社は120〜130円／㎡・月（本来額の倍額近い額）程度の不正積み増しを含んだ積立金を基準にしていたようです。しかし、国土交通省の218円／㎡・月のガイドラインが発表された後は、それを元に、予定する不正積立金の額を一挙に本来額の3倍程度に膨らましたようです。国土交通省は不正コンサルの儲け代を増やす手伝いをしているのです。

　そのような状況は広範に拡がっているものと推測されますが、被害を拡大・拡散する、不正を誘導する役割を、国土交通省のガイドラインが果たしています。上記のガイドラインは、直ちに修正される必要があります。

PART **7**

提　言
──マンション大規模修繕を大幅に改めるための
国、管理組合、コンサルティング専門家・団体の
あるべき対応

2015年度末には分譲マンション居住者人口は1,500万人を超え、総人口の12%に達しています。分譲マンションが普遍的なものであることから、その維持・管理は社会的な大きな課題です。適切な大規模修繕が実行されなければ、マンションは価値を徐々に失い、大きな社会問題になります。

　その意味で、維持・管理に関わる修繕コンサルティング業界の存在は、歴史的・社会的必然です。現在は、成り行きから非常に不適切な形で業務がすすめられていますが、これを早急に適切なものに改める必要があります。

　これほど広範に分譲マンション修繕コンサルティングの不正が横行している点については、もちろん不正を実行している修繕コンサルに責任があるのはもちろんですが、管理組合側にも一半の責任があります。

　それは管理組合が、適切なコンサルティングが必要であるにも関わらず、修繕コンサルが正当に経営できるコンサルタント料を提供しないことです。そこで修繕コンサルタントは経営のため、安いコンサル料を提示してコンサル契約を締結し、裏で修繕業者の談合を組織してバックマージンを着服する経営方針を採用せざるを得なかったと考えることができます。

　国土交通省については、そのような問題の本質を理解せず、上っ面を眺めるだけの不適切な調査や施策を実行しているのみです。住まいに関する国民の利益を守る姿勢が不十分であるとのそしりを免れることはできません。

　この問題の解決のためには、修繕コンサルティングに関わる業界の抜本的な改革・改善が必要です。それをなし得るのは、国土交通省の適切な対応、そして被害をうけている分譲マンション管理組合の正しい事態の理解と対応、そして、修繕コンサルティング専門家・団体の良心的な対応です。

　なお、不正修繕コンサルがやっていることの実態がわかりにくいため、あちこちで「深い闇」と表現されています。しかし筆者は、AURマンションの調査や本書の執筆の過程で「深い闇」ではなく「浅い闇」であると考えるようになりました。

　不正修繕コンサルができることは「修繕積立金を過剰に増加させ、談合により工事費を還流させ、不正着服する」という方法しかありません。つまり、底が透けて見える単純な詐欺なのです。問題は、これが広範に拡がっていることです。「浅い闇だが、とても広く拡がっている」という理解で対応する必要があります。

国土交通省への提言 ——新しい施策のあり方

　国土交通省が、修繕コンサルの業務に広範な不正があることを認識し、以下のような施策を実行することを提案します。

1．管理組合の協力を得ての、大規模修繕の工事に関する相当数の見積書の精査と不正見積の実情把握が必要です。

　　これについては、これまでのようなアンケート調査などの安直な方法をとらず、適正に見積もりのチェックができる設計事務所などの協力を求めて、具体的な再見積作業による、相当数の大規模修繕内訳の実情把握・精査が求められます。

2．そして上記の調査に基づく、修繕コンサルの業務活動の適正化のための的確な指導、そして事後も不正を継続する修繕コンサルの業務の不許可が必要です。

　　修繕コンサルの業務活動の適正化とは、不当に多額の修繕積立金を誘導せず適切な積立金を実現する、修繕業者談合を行わず公正な入札などを実施する、その他、管理組合の立場に立ったコンサル業務を実施することです。

3．大規模修繕工事の適正な工事費や積立金のモデルの再提示が必要です。

　　現在提示されている上記の「〔国土交通省〕マンションの修繕積立金に関するガイドライン——マンション修繕の基礎知識」（81ページ）は不適切なもので、直ちに改善される必要があります。これまで行われたような不正見積もりも正しい見積もりも区別なく混ぜ込んだアンケート調査ではなく、適切な見積もりを行える複数の設計事務所に具体的事例に基づくモデル積算を依頼し、その内容を精査した上で、適正な積立金額をガイドラインとして世に示す必要があります。

　　また、本書の冒頭で提起している「低耐久材料・工法」を「高耐久」なそれに改善する消費者保護的な方向性を示しつつ、その場合の積立金のガイドラインも示す必要があります。

4．man-day積算方式による、適正な修繕コンサル料金の例示が必要です。

施工業者からバックマージンを取らないでも経営できる額を示す必要があります。そして、それを管理組合の人たちが理解するように働きかけることが必要です。日本人は一般的に工事費の支払いには寛大ですが、コンサル料など「知識」に対し、適正なお金を払うことを嫌います。ですから不正な修繕コンサルは管理組合に対し、実際には経営できない低額のコンサル料を提示してコンサル契約をし、工事業者から多額のバックマージンを取るのです。管理組合の人たちは、「知識」に対して正当なお金を払わないため、逆に大損しているのです。

これからは、このようなことを改めなければなりません。「知識」に対して適正なお金を払わないということが半ば社会常識化してますので、国土交通省の適切な指導が必要です。これについても、前項で提起したように、根拠のあやふやなアンケートではなく、複数の正当な業務を実施できる設計事務所に、実際の作業に基づく業務量の算定事例を作成してもらう必要があります。また、積算実務の作業量だけではなく、管理組合との対応に要する作業量の算定も加えておく必要があります。

5. 上記の内容を踏まえ、適正なコンサルタント料金を公的に明らかにし、マンション修繕コンサルタント業務が公正な形で成立し得る基礎的条件をつくることが大切です。

そのような条件が整備されれば、現在は不正なすすめ方に手を染めざるを得ない修繕コンサルであっても、その業務を社会が望む公正なすすめ方に改善・改変していく可能性が開けます。

6. 管理組合が修繕コンサルを選定する際、現在のような「経歴書とコンサル料の多寡」で決定する方法を改めるようガイドラインをつくる必要があります。

管理組合の誰もがその内容を理解・評価できる大規模修繕提案書と、適正な方針により積算され、素人であっても理解できるコンサルタント料金を、コンサルタント側が提示するプロポーザル方式の推奨です。そして、選定のキーポイントは、コンサル料の多寡ではなく、提案内容の水準の高さ、修繕積立金の適切な見積もり予想であることを示す必要があります。

7. また、適正に業務を行っている建築設計事務所のマンション大規模修繕業務への参加の誘導が必要です。

一般に設計事務所は、マンション修繕の仕事にあまり興味がなく、その業務につきたがりません。しかし国民的な課題であること、それなりの売り上げにつながることなどを説明し、多くの設計事務所が参入するよう働きかけることが大切です。長期修繕計画の作成などは、普通の設計事務所であれば少し勉強すればすぐできる簡単なことです。管理組合との打ち合わせなども、設計事務所であれば業務の範囲内です。そのようなガイダンスを国の方針として行えばよいのです。

 ## 管理組合が取るべき手段

　この問題は、管理組合が状況を把握し正しく判断・行動すれば、今すぐにでも、基本的には解決できることです。76ページの「不正コンサルを見分ける方法」で記した内容で、対象の修繕コンサルをチェックすれば、不正が潜むかどうかは判断できます。76〜77ページに記した「不正コンサルを見分ける方法」の要約などを以下に記します。

１．要約は次のとおりです。
　　①会社や事務所が経営できないほどの低いコンサルタント料を提示する修繕コンサルタントとは、契約を結ばないことです。コンサルタント料は、マンションの規模などで異なるでしょうが、50戸ぐらいのマンションで400〜500万円ぐらいは必要だと思われます。
　　②修繕コンサルの提示する修繕積立金の額で判断しましょう。屋上防水の更新と外壁の吹き付け仕上げの更新などを行う場合は、12周期想定で、専有面積あたり80円／月の修繕積立金、タイル仕上げなどで外壁の吹き付けの更新がなく屋上防水ほかの場合は、専有面積あたり40円／月が標準です。これを大きく上回る積立金を提案する修繕コンサルは、水増し見積もり・談合・着服にすすむ可能性があるので不適格です。

２．修繕コンサルティング組織や設計事務所を選ぶ時は、意味が乏しく怪しげな業務経歴書やコンサルタント料の多寡で判断するのではなく、詳しい大規模修繕提案書を作成してもらい、その内容で判断しましょう。

いわゆる自主的なプロポーザル方式ですが、専門家でない人が読んでも業務の内容やポイント、予想修繕積立金額の適正さなどがはっきりわかる提案書の作成をお願いしましょう。そして、コンサルタント費用についても、どのような作業にどれくらいのマンパワーを割くのか明快にしてもらいましょう。

　　納得できるまで議論し、提案が一番優れたコンサルティング団体・事務所に決めればよいと思います。これについても、信頼できる身内、あるいは第三者の専門家の助言が参考になると思います。

3．管理組合の対応で基本的に解決できると書きました。しかし、これで済ませてはならないと考えます。前項で述べたような内容の対策に国交省が本気で取り組むことがとても重要であることを再度確認しておきたいと思います。

　　それは、本書をすべての管理組合が読み、その内容を理解し行動していただける訳ではないと思うからです。また既存の修繕コンサルの少なくない数の専門家や団体が、基本的な経営条件が成立することが実現すれば、これまでの姿勢を悔い改めて公正な経営方針に改めるようになることが期待できること、新たに対応してくれる多数の建築設計事務所の用意が必要という意味で、やはり国土交通省が先頭に立って、不具合な状況を改善することが必要です。

4．当面の、国の対応が不十分な状況におけるコンサルティングの依頼先については、本書の77〜79ページに記したマンションエイダー団体に相談して、公正で能力のある建築設計事務所などを紹介してもらうことも、視野に入れておきましょう。設計事務所に依頼する場合は、公正で技術力があり、積算もキチンとできる事務所であれば一番ですね。公正で技術力はあるが積算が不得手な場合は、その事務所を通じて建設会社の積算部に積算の協力をお願いするとよいでしょう。大規模修繕の時に入札に参加してもらうと確約すれば、喜んで協力してもらえるでしょう。

③ 修繕コンサルタントが取るべき望ましい姿勢への転換

　　コンサルタント専門家の方々にも、これまでのやり方を改め、新しい方式に改善す

ることを提案します。少なくない方々が、これまでPART 5で詳しく分析したように、管理組合の知識不足を利用して、濡れ手に粟のような、大きな利益を比較的容易に手にしていたことと思います。

1．しかしこれは、本質的に犯罪です。内部告発などや何らかの事情でバックマージンのコンサルへの貫流の証拠が明らかになれば、手が後ろに回ってしまいます。不公正かつとても危険な業務のすすめ方です。

2．実際、このような形で仕事をすすめても、金儲けはできるでしょうが、仕事を通じての社会への貢献には結びつきません。そのような不正な仕事を継続し、人生を終わる時に、自分の人生はこれでよかったと肯定することは難しいでしょう。

3．国土交通省が、公正な経営が可能な新しい適正な修繕コンサルタント料を明らかにし、これを多くの管理組合が理解し実行するとしたら、期待される公正な方向に業務の方法を変更してはどうでしょうか。現在のような大きな儲けは手に入らないかもしれませんが、堅実な経営は可能になるでしょう。

4．このようなすすめ方は、管理組合や社会に、大きな貢献をすることが可能です。仕事をすすめる意義がとても感じられ、仕事をすすめることがとても楽しくなるでしょう。このようなスタイルに、大転換することを決意しませんか。

5．国土交通省が方針転換をした場合、あるいは管理組合が本書の提案どおりに不正なコンサル業務を識別し、コンサル選定に自主的プロポーザル方式を取り入れるなどした場合には、これまでのような不正を前提としたコンサル業務は成り立たなくなります。速やかに新しい業務のあり方に転換することが、経営を成り立たせるためには必要なように思われます。

6．新しくこの分野に参入しようと思う建築設計事務所の専門家の方々の取り組みにも期待したいと思います。以前からこの分野での活動を行っている専業の修繕コンサルタントの方々と、望ましい競合関係を築かれることを望みたいものです。

おわりに

　マンションの1住戸の所有者として、無駄な損失を被らないためにと思い、始めたマンションの大規模修繕の本質を探る旅には、思いもよらないサスペンスが待ち構えていました。

　Part 4～6ではさまざまな表を作成しました。表などの数字を操作するシミュレーションを行うたびに、どのような結果が現れるのかと、ハラハラどきどきの連続でした。そして、そこには予想外の結果が待ち受けていました。これについては、これまで読み進んでこられたみなさんにも同意いただけることと思います。

　まずは、AURマンションの事例では、不正修繕コンサルの算出した修繕積立金総額のうち、**頻繁に更新が強制される性能の劣った建材による多額の出費が、4割ほどを占めることがわかりました。そして、この出費は高耐久力の仕上げ材に改変することで必要がなくなることが明らかになりました。**

　続いて長年にわたって修繕にお金をかけてもドンドンと価格が低下していくマンションの価値の問題です。アメリカでは住まいの売買価格が下がらないようにリモデル（機能とデザインの改善）を行うため、売買時の価値が投資額を上回っていることがわかりました。一方、日本では、売買価格は投資額の半額以下の悲惨な状況であることもわかりました。

　アメリカのようなリモデルで価値を維持・向上させる努力の必要性がはっきりとしました。そして、そのような価値を保ち向上させるデザインなどのあり方も提示できました。

　Part 4の結論では、修繕積立金の額は、従来額の1／10にできることが明確になりました。本書の一番の執筆目的ですので、それなりの成果が達成できたと思っています。**「新しい大規模修繕方針」では積立金額は10～20円／専有面積㎡・月で済みます。**

　そして、極め付けの予想を遥かに超えるマンション修繕コンサルの不正による被害は、全国的にも積立金総額の半分を大きく超える巨額であることが見えてきました。これについては管理組合が正しく対応することで、被害をなくすることが可能であることもわかりました。Part 5～7の結論で一番大切なことは、

　適正な修繕積立金が、12年周期で外壁の吹き付け材更新も含め行う場合で80円／専

有面積㎡・月であるということです。この数字さえ管理組合の中で共有されていれば、不正コンサルの被害は防げます。

　そしてこの問題では、国土交通省の対応が不適切であることも可視化されました。最初は、そのようなことにはまったく気づかなかったのですが、シミュレーションの積み重ねと、他のさまざまなデータとの照合で大きな問題があることがわかったのです。これもドキドキするようなサスペンスでした。

　最後には、国土交通省、管理組合、コンサル専門家の対応策のあるべき姿にも言及しました。管理組合が必要な情報を共有し正当な判断ができるようになることが基本ですが、国土交通省はそれをきっちりと手助けする責めを負います。コンサル専門家については、本来の正しい姿に立ち戻ってほしいと思います。

　以上で、「はじめに」で提起した問題点に対応する解決策は、ほぼ詳しくお答えすることができたように思います。本書は薄い冊子で読み終えるのは短時間で可能です。しかし執筆者の立場では、推敲をすすめるたびに新しい発見があり、連日の書き直しが必要で、結構疲れました。短いけれど長い執筆の旅でした。

新しい大規模修繕の方針が有効であることが明らかになりました。
対応が早ければ速いほど、損害は少なくなります。

■ 著者プロフィール

竹山清明（たけやま　きよあき）

・1946年　兵庫県芦屋市に生まれる。
・1968年　京都大学工学部建築学科卒業
・1970年　同大学院修士課程修了
・1970〜1981年　兵庫県建築部営繕課などに勤務
・1982年〜　兵庫県を退職し、1級建築士事務所生活空間研究所を開設、現在に到る
・1990〜1996年　神戸松蔭女子学院短期大学助教授
・1997〜2008年　京都府立大学准教授
・2009〜2016年　京都橘大学教授
工学博士、1級建築士

●質問や疑問をおもちの方は下記までご連絡ください。お急ぎの場合は電話でも結構ですが、できればメールやFAXをご利用ください。

keytakusan@mac.com
電話：0797-23-2650　FAX：0797-22-4521
〒659-0021 芦屋市春日町1-17 一級建築士事務所　生活空間研究所　竹山清明

[建築家・研究者としての専門分野]
・公共建築などの計画・設計・デザインおよび工事監理
・住宅・集合住宅の計画・設計・デザインおよび工事監理
・福祉施設の計画・設計およびデザインおよび工事監理
・建築・住宅の計画論・デザイン論の研究
・建築・住宅の省エネルギー計画・設計の研究
・住宅政策論・制度論の研究
・マンションの大規模修繕の研究
・まちづくり・再開発などの制度・計画の研究

[主な著書]
・『賃貸住宅政策論』都市文化社、1992年
・『知られざる建築家・光安義光』青幻舎、2000年
・『住宅で試算を築く国、失う国』井上書院、2004年
・『サステイナブルな住宅・建築デザイン』日本経済評論社、2009年
・『建築物・様式　ビジュアルハンドブック』エクスナレッジ、2009年その他、多数

[主な建築作品（いずれも設計・監理のチーフとして携わったもの）]
・兵庫県立明石図書館／1974年
・兵庫県立尼崎青少年創造劇場『ピッコロシアター』／1978年
・ブリックブロック（西日本最初に地域特賃B制度を利用した中規模賃貸マンション）／1988年
・西神コープタウン『アーサヒルズB棟』（公団のグループ分譲マンション）／1991年
　日本建築学会霞ヶ関ビル記念賞受賞

・特別養護老人ホーム『いくの喜楽苑』／1991年
・アミスタ仁川（コーポラティブ方式による分譲マンション）／1996年
・セラ逆瀬川（分譲マンション）／1998年
・芦田内科（丹波地域の血液透析治療のセンター）／2000年
・きらくえん倶楽部大桝町（ケアハウス）／2002年
　人間サイズのまちづくり兵庫県知事賞受賞
・春日町の家／2014年
・精道町の家／2015年
　その他、住宅、共同住宅（マンションなど）、福祉施設、公共施設など多数

マンション大規模修繕
暮らしやすく豊かな生活空間づくり

2020年 5 月31日　初版発行

著　者 ●ⓒ竹山清明
発行者 ●田島英二　taji@creates-k.co.jp
発行所 ●株式会社 クリエイツかもがわ
　　　　〒601-8382 京都市南区吉祥院石原上川原町21
　　　　電話 075(661)5741　FAX 075(693)6605
　　　　http://www.creates-k.co.jp
　　　　郵便振替　00990-7-150584
デザイン ●菅田　亮
印 刷 所 ●モリモト印刷株式会社
ISBN978-4-86342-289-6 C0036　printed in japan

本書の内容の一部あるいは全部を無断で複写（コピー）・複製することは、特定の場合を除き、
著作者・出版社の権利の侵害になります。

団地と暮らし　UR住宅のデザイン文化を創る
増永理彦／著

「UR住宅デザイン文化」に注目！ 60年間のUR賃貸住宅デザインプロセスの意義・役割と、居住者の「安全・安心・快適」な暮らし・コミュニティの実現をめざしてきた活動を振り返る。「UR住宅再生デザイン文化」をどう創っていくべきか、UR民営化が進展するなか、その方向が見えてくる……。

2000円

マンション再生　二つの"老い"への挑戦
増永理彦／著

建物の「経年劣化」と居住者の「高齢化」、2つの"老い"への対応が再生のキーワード。「住み続ける」「リニューアル」「参加する」をマンション再生3原則とし、コミュニティ活動や生活支援、公的な介護サービスの対応など、住み続けるための支援の充実を提起。

1600円

UR団地の公的な再生と活用　高齢者と子育て居住支援をミッションに
増永理彦／著

モノはあふれ、お金さえあれば何でも手に入るような経済的豊かさのなか、子どもや高齢者が社会的に、そして生活や居住面で、大事にされているのだろうか？
都市再生機構が果たしてきた役割あるいは問題点を拾い出しながら、高齢者・子育ての居住支援を重点に、地域社会づくりに活用するしくみを提起。

2000円

住むこと　生きること　追い出すこと　9人に聞く借上復興住宅
市川英恵／著　兵庫県震災復興研究センター／編

健康で文化的な生活をおくる権利をみんながもっている！
住み続けたい人が追い出されるってどういうこと？　借上復興住宅入居者の声を聞き、自治体の主張を整理。研究者、医師、弁護士との対話から、居住福祉、医療、健康、法律について考える。

1200円

22歳が見た、聞いた、考えた「被災者ニーズ」と「居住の権利」
借上復興住宅・問題　市川英恵／著　兵庫県震災復興研究センター／編　寺田浩晃／マンガ

阪神・淡路大震災から22年たっても解決されていない、20年の期限をめぐる借上復興住宅問題。ボランティア活動での入居者との出会いをきっかけに、被災者の声に耳をかたむけ、支援制度、コミュニティづくりなどを知っていく。震災を覚えていない世代が、自分たちのことばで、阪神・淡路大震災の復興に迫る。

1200円

必携！認知症の人にやさしいマンションガイド
多職種連携からみる高齢者の理解とコミュニケーション　一般社団法人日本意思決定支援推進機構／監修

「困りごと」事例から支援や対応のポイントがわかる！　居住者の半数は60歳を超えているマンション。トラブルも増加している。認知症患者にもやさしいマンション環境をどう築いていくか。認知症問題にかかわる様々な専門家とマンション管理の専門家から、管理組合や住民のみなさんに知恵と情報を提供。

1600円

老いる前の整理はじめます！　暮らしと「物」のリアルフォトブック
NPO法人コンシューマーズ京都／監修　西山尚幸・川口啓子・奥谷和隆・横尾将臣／編著

3刷

最期は「物」より「ケア」につつまれて──自然に増える「物」。人生のどのタイミングで片づけはじめますか？終活、暮らし、福祉、遺品整理の分野から既存の「整理ブーム」にはない視点で読み解く。リアルな写真満載、明日に役立つフォトブック！

1500円

http://www.creates-k.co.jp/